책벌레 만들기

국립중앙박물관 출판도서목록(CIP)

(개구쟁이 우리아이)책벌레 만들기 / 폴제닝스 지음 : 권혁정 옮김
---서울 : 나무처럼, 2005
  p. : cm

원서명 : The leading bug
원저자명 : Jennings, Paul
ISBN 89-955427-3-X : ₩10000

029.8-KDC4
028.5-DDC21   CIP20051715

The Reading Bug

by Paul Jennings

Korean Translation copyright ⓒ Namu Books 2005
Korean edition is published by arrangement with Penguin Group(Australia)
through The ChoiceMaker Pty Ltd.

이 책의 한국어판 저작권은 인터오스트레일리아를 통해 Penguin Group(Australia)와의 독점 계약으로 나무처럼에
있습니다. 저작권법에 의해 한국 내에서 보호를 받는 저작물이므로 무단전재와 무단복제를 금합니다.

개구쟁이 우리 아이

책벌레 만들기

나무처럼
Namubooks

열 살 때 나는 지독한 책벌레였다.

나는 책표지의 저자 사진에 입을 맞추곤 했다.

시간적, 공간적으로 멀리 떨어져 있는 저자들을

사랑할 수 있다는 사실. 이처럼 놀라운 사실도 없다.

– 에리카 종(Erica Jong)

그녀는 책 속에 푹 빠져버렸어요
벌써 일주일이나 지났지요.

| 차례 |

들어가는 글

이 책은 '아이들의 행복한 책 읽기'를 위한 안내서로 당신이 직접 만들어나가는 책이다. 나는 이 책에 자부심을 갖는다. 이 책을 읽음으로써 독서가 쉽고 흥미롭다는 사실을 깨닫게 된다면 나는 더욱 자부심을 느낄 것이다.

한 선생님이 내게 이런 칭찬의 말을 해준 적이 있다.

"폴 제닝스의 대답은 다른 사람과 별다를 게 없다. 차이점이 있다면 제닝스는 단어를 절반밖에 사용하지 않는 점이다."

몇 가지 이유로 나는 어떤 문제의 핵심을 적은(少) 어휘만으로 해결해왔다. 아이들도 책을 읽을 때 이런 점이 필요하다.

어떤 아이는 자신의 글쓰기 실력을 뽐내려고 작가에게 글을 써서 보내기도 하는 반면, 어떤 아이는 첫 단락이나 심지어 겨우 한 문장을 읽은 후에 책을 포기하는 경우도 있다. 이런 이유로 나는 이 책을 쓰게 되었다. 이 책을 이용해서 당신의 아이 혹은 제자들이 평생 동안 책을 사랑하는 사람이 될 수 있도록 돕길 바란다.

늘 말하지만 아동 작가가 범하는 가장 큰 죄는 지루함이다. 당신은 아이들이 읽을 책을 판단하여 선택하는 사람이고, 아이들은 책을 최종적으로 판단하는 사람이다. 당신은 여기서 내가 말한 것의 일부는 동의하지 않을 수도 있다. 어쩌면 모두 동의하지 않을지도 모른다. 그러나 나는 당신으로 하여금 이 책이 횡설수설하거나 함량 미달인 문장으로 가득 차 있다고 느끼지 않게 할 자신은 있다.

"처음 학교에 입학한 아이들이 읽기를 얼마나 잘할 수 있는지 가르쳐줄 뭔가 특별한 방법이 없을까요?"

아는 선생님이 퇴직을 눈앞에 두고 있을 때, 나는 이런 질문을 한 적이 있다. 그분은 생각도 하지 않고 곧바로 대답했다.

"그건 부모의 몫이죠."

이 책의 목표는 아이들의 읽기 교육에 당신이 참여하도록 하는 것이다. 나는 이런 내 전략이 성공하기를 바란다. 당신의 아이가 읽기를 배우는 데 있어서 도움을 주어야 할 사람은 다른 누구도 아닌, 바로 당신이다.

폴 제닝스

독서 지도 선생님 되기

즐거운 책 읽기는 억지로 되는 게 아니다

요점정리

• 책 읽기를 좋아하는 사람이라면 누구든지 읽는 법을 가르칠 수 있다.

• 아이가 무언가에 푹 빠져 있다면 그 일을 하지 못하도록 절대로 말리지 않는다.

• 아이에게 책을 읽어주거나, 함께 책을 읽는 행위는 사랑의 실천이다.

• 특별한 '읽기 수업'이 없어도 아이들은 책 읽기를 좋아할 수 있다.

• 우리의 목표는 사랑, 자세, 열정을 조금씩 아이들에게 가르치는 것이다.

당신이 아이를 둔 부모라면 당신의 아이가 책을 가깝게 하도록 지도하는 중요한 의무를 지니고 있다. 당신은 아이를 사랑하고, 아이는 사랑받기를 원한다. 이런 사실을 책 읽는 상황에 주입한다면 반드시 성공할 것이다. 이것이 내가 말하려고 하는 요점이다. 사랑은 모든 것의 기초이다.

선생님이라고 모든 일을 잘할 수는 없다

선생님들은 보통 아이들을 다루는 솜씨가 뛰어나다. 그러나 요즘 선생님들은 너무 많은 업무에 시달리다 보니 아이들이 당연히 받아야 할 교육과정을 모두 제공하지 못하고 있는 실정이다. 초등학교 선생님은 교육과정 분야인 음악, 체육, 과학, 영어, 독서, 받아쓰기, 수학, 지리, 미술, 철학 등을 마스터하는 것 외에도 심리학자, 간호사, 사무직 직원 등의 업무까지 하도록 요구받는다. 이 모든 분야는 매우 복잡해서 아이들 개개인의 요구에 부합하려면 엄청난 시간이 소요된다. 이런 일들을 한 사람이 감당하기에는 벅차다.

또한 정부는 교육에 많은 예산을 공급하지 못하고 있는 실정이다. 이는 전체 지역사회가 유감으로 생각할 일이다. 아이들의 미래에 투자하는 것은 인간 자원에 투자하는 것이기 때문에 금세 효력을 보이거나 바로 측정되지는 않는다. 정치가들은 바로 눈앞에 보이는 기념비적인 일을 더 좋아하기 때문이다.

선생님은 엄마들의 도움이 필요하다

당신은 이미 학교에서 독서 보조교사로 활동하고 있을지도 모른다. 그 일을 단순히 경제적인 이유만으로 하지는 않을 것이다. 학교에서 자신의 엄마나 아빠가 책 읽기를 가르치고 있는 모습을 보는 아이들은 엄청난 자부심을 가진다. 이런 행동은 아이에게 아주 좋은 본보기가 되며, 당신 스스로 책을 얼마나 가치 있게 여기는지 직접 보여줄 수 있는 기회가 되기도 한다.

아이들에게 개인적인 교훈을 일깨워주는 데 부모는 선생님보다 훨씬 좋은 위치에 있다. 부모는 선생님처럼 지도할 아이들이 많지 않기 때문이다. 세상에서 가장 훌륭한 선생님이라도 매일 독서 지도를 할 수는 없다. 그러나 부모는 자신의 아이에게 매일 30분씩 재미난 읽을거리를 제공하는 일이 얼마든지 가능하다. 아이와 함께 하는 독서는 곧 사랑의 실천이다.

회사 일로 바쁜 당신이 학교 프로그램에 일일이 참여할 수 없다 해도 집에서 이런 일을 할 수 있다. 모든 부모는 교과서에 익숙하다. 매일 밤 아이들이 큰 소리로 책 읽는 소리를 듣는 것도 부모의 일상 의무이며, 잘 읽었다고 거침없이 말해주는 것도 부모의 의무이다. 겉으로 보기에 집에서 하는 이런 행동은 책 읽는 일에 별로 참여하지 않는 것처럼 보인다. 5장에서 검토해 보겠지만, 이런 행위에도 해야 할 것과 하지 말아야 할 것이 있다. 아이들의 독서를 돕는 일은 어려운 일이 아니지만 올바른 기술이 필요하다. 당신이 이러한 기술을 알게 될 때, 비로소 그 기술이 왜 필요했는지에 대한 차이점을 알게 된다.

'방법을 알면 쉬워진다' 는 옛말도 있다.

이 책을 다 읽었을 때쯤 당신은 올바른 기술의 본질을 깨닫게 될 것이다.

즐거운 책 읽기는 억지로 되는 게 아니다

내가 사범대학을 막 졸업했을 때였다. 나는 친구의 집에 점심 초대를 받았다. 선생님이었던 친구는 내가 새로운 직업을 시작하는 데 있어서 몇 가지 충고를 해주었다. 그러나 나는 친구의 충고는 기억나지 않고 그날 발생한 사건만 생생하게 기억한다.

우리는 식탁에 앉아 있었다. 친구의 두 살배기 아들은 친구와 그의 아내 사이에 놓여 있는 어린이용 의자에 앉았다. 어른들 앞에 스프 그릇이 놓였고 친구는 아이에게 스푼으로 걸쭉한 야채 스프를 먹이려고 했다. 하지만 아이는 입을 꾹 다문 채 머리를 흔들었고 친구는 아이의 턱을 잡고 강제로 입을 벌렸다. 아이가 입으로 들어온 스프를 거칠게 뱉어내려 하자 아이의 머리를 겨드랑이 사이로 꽉 잡았다. 아이는 입을 벌릴 수가 없었다.

우리는 모두 아무 말도 하지 않았다. 전에도 이런 일이 자주 일어났음이 분명했다. 친구는 한 손으로는 스프를 먹었고, 다른 손으로는 헤드락이라도 하듯 겨드랑이로 아이의 머리를 잡고 있었다. 친구의 아내가 고기를 구워 잘게 썰어왔고, 친구는 한 손으로 불편하게 고기를 먹으면서도 불쌍한 아이의 머리를 놓아주지 않았다. 아이의 얼굴은 점점 벌겋게 달아올라 코로 겨우 숨을 쉬며 몹시 힘들어했다.

이런 특이한 상황에 대해 어떠한 설명도 없이 대화는 계속되었다. 디저트가 나왔고 마지막으로 커피가 나왔다. 아버지와 아들의 말없는 전투와 함께 시간이 흘러갔다. 내가 갈 시간이 되어서야 아이는 어쩔 수 없이 풀려났다. 아이는 숨을 몰아쉬며 헐떡거리면서 스프 그릇을 바닥으로 내던졌다.

아이들은 걸쭉한 스프를 싫어한다. 나 역시 그랬다.

많은 부모들은 자신들이 배운 대로 단어나 글자, 소리가 마치 풀죽은 채소라도 되는 양 스푼으로 떠서 먹을 수 있는 것처럼 책 읽기를 가르치려고 한다. 하지만 그런 방법으로는 결코 성공할 수 없다.

이 사건은 한 가지 예로 내 마음속에 늘 남아 있다. 만일 아이가 무언가를 좋아하지 않는다면 아이에게 그것을 좋아하도록 만들 수 없다. 또한 아이가 무언가에 푹 빠져 있다면 그런 아이를 막을 수도 없다. 당신의 아이를 평생 책을 읽는 사람으로 만들고 싶다면 먼저 책을 사랑하는 마음부터 철저하게 가르쳐야 한다.

단지 재미로 읽어야 한다

우리의 목표는 단순히 아이에게 단어를 이해하거나 발음하도록 가르치는 것이 아니라 사랑, 태도, 열정을 먼저 가르치는 것이다.

고통이나 노력을 호소할 시간이 없다. 또한 지루하다고 불평할 시간도 없다. 이쯤에서 나는 평생 동안 내가 아이들에게 책을 읽고 쓰는 것을 열정적으로 가르친 부분에 대해 말해주겠다. 독서의 초기 단계에서는 아이의 어떤 노력과도 결부되어서는 안 된다. 그냥 재미로 읽어야 한다. 재미로 말이다. 독서를 불쾌한 것으로 생각하는 아이는 결국 책을 손에서 놓게 된다.

쓸데없는 말은 하지 않겠다. 복잡한 용어가 나오는 책은 종종 사람들의 흥미를 차단시킨다. 이는 마치 클럽 모임에서 소외되는 느낌과 비슷하다. 좋은 글은 이해하기 쉬운 글이다. 심리학을 공부할 때 나는 책에 있는 무의미한 단락은 무시하고 넘어갔는데, 이런 글은 나를 아둔한 사람으로 생각하게 만든다. 그러나 내가 아둔한 게 아니라 그 글이 아둔한 것이다.

아이에게 복잡하고 어려운 책을 읽힐 필요는 없다. 그런 책은 작가의 지위만을 향상시켜줄 뿐이다. 부모는 쉬운 독서 지도법을 배워야 한다. 이런 방법을 터득한 부모의 아이는 잠자리에 들면서도 결코 책을 놓지 않게 된다.

모든 것을 간결하게

요즘은 우리가 자라난 어린 시절과는 많이 다르다. 우리는 인라인스케이트가 아닌 롤러스케이트를 타고 자랐다. 현대 의사들은 대수술에 레이저 광선을 이용한다. 또 우리는 편지 대신 이메일을 보낸다. 텔레비전도 브라운관이 아닌 LCD로 보고 있다. 그러나 우리는 우리의 부모 세대가 한 방식과 거의 똑같은 방식으로 아이들에게 책 읽기를 가르치려고 한다.

현대에는 의학, 스케이트, 텔레비전 등이 점점 변하고 있다. 변화를 수용하기란 매우 힘들기 때문에 대부분의 사람들은 예전 방식을 그대로 고수하고 싶어한다. 이것은 책 읽기 지도에도 마찬가지로 적용되고 있다. 부모들은 전문적인 선생님이 아니므로 자신들이 겪은 대로 지도하려 한다.

이 책에서 내가 제시한 방법들을 이용하여 아이들에게 책 읽는 방법을 가르치면 많은 도움이 될 수 있으리라고 생각된다. 아이가 불신할 때 확신을 줄 수 있는 방법도 몇 가지 있다. 또 일부 방법은 여전히 쓰여지고 있지만 뜨겁게 논쟁중인 것도 있다. 최근에는 여러 가지 방법이 통합되어 새로운 접근법으로 다가오고 있다.

나는 이 책에서 독서법의 근본적인 지도에 대해 말하려고 한다. 방법을 증명하려는 게 아니라, 당신이 아이들을 책벌레로 만드는 방법을 알려주고자 한다. 내가 얘기하는 것들을 명심한다면, 당신은 아이를 책벌레로 키울 수 있는 여러 가지 기회를 얻게 될 것이고 아이들은 특별한 '책 읽기 수업'이 아니더라도 책을 사랑하게 될 것이다.

먼저 말부터 배워라. 이것이 한 가지 예다. 그리고 전체를 아주 간결하게 말한다. 아기는 태어난 날부터 말에 둘러싸이게 된다. 부모는 아기 침대에 기대어 사랑스런 말을 중얼거린다. 예를 들어 아기에게 말하는 'ga, ga'는 Daddy라는 뜻이다. 'moo, moo'는 Mommy라는 뜻이다. 우리는 이 말이 그런 뜻을 지닌다고 확신한다. 아기의 이런 옹알이는 껴안아주거나 웃어주는 것에 대한 보답이다.

우리는 아기에게 "moo moo가 아니라 mother야"라고 말하지 않는다. 우리는 'rabbit'을 'bunny'로 말할 때가 더 즐겁다. 이미 이렇게 쓰는 것에 익숙해 있다.

우리는 아기의 의미없는 옹알이도 소중히 여긴다. 아기의 옹알이가 말의 초기 단계라는 사실을 본능적으로 알고 있기 때문이다. 또한 우리는 아기를 목욕시키면서도 말을 해야 한다는 것을 알고 있다. 차 안에서든 욕조 안에서든 아기와 끊임없이 대화한다. 아기에게 물건을 지목해주기도 하고 설명해주기도 한다.

우리는 아기가 처음으로 하는 말을 비판 없이 받아들인다. 예를 들어 아기는 "아빠 가"라며 자신의 말솜씨가 훌륭해졌음을 보여준다. 이때 우리는 아기에게 "'잘못 말했어, 주디. 아빠가 일하러 가신다'고 말해야지." 하며 수정해주지 않는다. 그저 "그래, 아가야. 아빠가 일하러 가셔" 라고 대답하지, 아기가 한 말을 질책하거나 문법적으로 잘못되었다고 지적하지 않는다.

아기가 말하는 것을 계속해서 정정하면 부정적인 효과를 낼 뿐이다. 너무 정확성에 집중하지 마라. 아기들이 말을 반복하면서 점점 더 정확한 문법적인 형태가 된다는 것은 누구나 알고 있다.

아기들이 이러한 규칙을 자연스럽게 익히는 것을 보면 놀라지 않을 수 없다. 아기들이 하는 실수는 문법적인 구조를 자기 것으로 만들려는 능력의 징후이다. 아기들은 '나는 올라간다'를 배운 다음 '나는 올라갔다'를 배운다. '나는 뛴다'를 배운 다음 '나는 뛰었다'를 배운다. 얼마나 논리적이고 놀라운가.

이와 유사한 방식으로 '책 읽기'를 가르치면 된다. 우리는 흔히 아이를 활자로써 목욕시키려는 경향이 있다. 아이가 책장을 넘기면서 산만하게 말하는 것을 묵묵히 받아들여야 한다. 이런 현상은 아기들이 말하는 초기 단계와 마찬가지로, 읽기의 초기 단계이기 때문이다. 이런 상황을 그냥 웃으면서 지켜보면 된다.

가령 아이가 rabbit을 bunny로 읽어도 아무 말 하지 마라. 일일이 따지지 않아도 된다. 또 모든 단어와 문장을 정확하게 읽으라

고 강요해서도 안 된다.

우리는 글이 실용적이고 재미있다고 생각하는 세상을 창조해야 한다. 아이들을 칭찬하고, 자극하고, 받아들여야 한다. 그리고 자연적으로 책을 읽을 수 있는 환경을 만들어야 한다. 그러기 위해서는 책, 잡지, 신문, 달력, 차트, 그림, 이야기 등이 어디든지 있어야 한다.

무엇보다 우리 스스로 본보기가 되어 책을 읽는 것이 가장 중요하다. 이것은 우리 자신에게도 이득이 된다. 당신 스스로 실천하지 않으면 아이를 '책벌레'로 만드는 일을 성공시키지 못한다.

대부분의 선생님들은 아이들에게 조용히 책을 읽으라고 강요한

다. 아이들이 책상에 앉아 소설책이나 관심 있는 책을 조용히 읽도록 하는 것이다. 그러나 우리는 책을 읽는 것이 다른 사람이 아닌 바로 우리 자신에게 이득을 주는 활동적인 행위라는 사실을 아이들에게 보여주어야 한다. 이런 환경을 '홀 랭귀지(whole-language)' 교실이라고 부른다. 지금 이순간부터 당신도 '홀 랭귀지' 가정을 만들어보자.

2

내 아이에게 책 읽어주기

평생 책과 연애하게 하기

 요점정리

• 책을 읽는 마법의 순간에는 즐겁기도 하고, 두렵기
  도 하고, 연대감을 느끼기도 한다.

• 내 아이를 평생 책과 사랑하게 만들자.

• 슈퍼마켓은 단어를 배우는 훌륭한 학습장이다.

• 지도, 매뉴얼 등 닥치는 대로 읽게 한다.

• 아이에게 책을 읽어줄 때는 빌리 코놀리(세계적인
  코미디 배우 – 옮긴이)가 되어야 한다.

"**괜**찮은데요, 아빠." 내 비서가 2장의 초안을 읽고 말했다. "그런데 저는 하루 일과가 끝나면 시장에서 장을 보고 음식을 해서 아이들에게 저녁을 먹여야 돼요. 그런 다음 두 아이의 숙제를 도와줘야 하고, 설거지도 해야 해요. 너무 지쳐서 죽을 것 같은데도 아이들과 놀아주어야 하죠. 그 와중에 내가 좋아하는 책을 읽거나 영화를 볼 시간이 생겨주면 행운인 셈이죠. 그만큼 책 읽을 시간을 내는 건 쉽지 않아요."

나의 비서이자 딸인 린듀는 말했다.

"나도 안다. 나도 아이를 6명이나 키웠고 모두 겪은 일이니까."

내 말에 린듀는 히죽 웃었다. 린듀 역시 내가 그런 경험이 있다는 사실을 잘 알고 있기 때문이다. 하지만 나는 그것에 대해 잘난 체하고 싶지는 않다.

나도 아이들과 충분한 시간을 함께 보내지 않았으므로 다른 부모들처럼 죄의식에 사로잡혀 있다. 아이들과 함께 공원에 놀러가는 것도, 영화를 보는 것도, 숙제를 돕는 것도, 책을 크게 읽어주는 것도 충분히 하지 못했다. 몹시 어렵고 힘든 부모의 의무와 역

할을 생각하면 나는 완전히 힘이 빠진다. 이런 모든 것을 알고 있기에 나는 요즘 부모들을 진심으로 동정한다.

책을 읽어주는 일은 당신이 아이에게 해줄 수 있는 매우 가치 있는 일들 중 하나이다. 가능하면 당신의 바쁜 스케줄 속에 책 읽는 시간을 끼워넣도록 노력해보라. 그 효과는 상상 외로 크다. 이 일은 단지 아이들만을 위한 것이 아니다. 딸아이 린듀가 자기의 아이들에게 젠느 지온과 마거릿 블로이 그레이엄의 『Harry the Dirty Dog』(1956년 초판을 발행한 이후 아이들의 사랑을 끊임없이 받아온 고전적인 그림책. 그림과 글이 완벽한 조화를 이루며 1950년대의 가정과 거리의 삶의 모습을 엿볼 수 있다-옮긴이)를 읽어주는 소리를 들었을 때는 상당한 자부심을 느꼈다.

딸아이는 "해리는 검은 점이 있는 흰 강아지예요." 하고 아이들에게 책을 읽어주며 몸짓까지 한다. 자신이 어렸을 때 내가 읽어주던 방식을 그대로 흉내내면서. 25년 전 나의 아이들은 내 무릎에 교대로 앉아가며 내가 읽어주는 이야기를 들었다.

평생 책과 연애하게 하기

큰 소리로 책을 읽어주는 일은 아이들에게 강한 메시지를 전달한다. 말 한마디 하지 않고 당신은 이런 말을 하고 있는 것이다.

"나는 세차를 하거나 신문을 읽거나 텔레비전 뉴스를 보고 있는 게 아니라, 너와 함께 여기에 앉아 이야기를 읽고 있어. 나는 너와 즐거운 시간을 보내면서, 마법의 순간에 느끼는 두려움과 동료애를 즐기고 있지. 너는 내 세상의 중심이란다."

아이들의 초롱초롱 빛나는 눈동자를 내려다볼 때 당신이 그들 세상의 중심이라는 사실은 의심할 여지가 없다. 사랑을 표현하는 이런 행위는 아이와 책 사이에 친밀한 관계를 만들어준다. 책이라는 단어는 아이들에게 즐거움을 안겨준다. 책에서 나오는 느낌, 모습, 향기는 따뜻함과 확신을 준다. 그리고 사랑의 감정과 영원히 연결된다. 당신은 아이와 책 읽기 사이에서 평생 지속될 연애를 시작하고 있다.

이런 분위기에서 책을 읽은 아이들은, 단어의 의미나 즐거움을 잘 몰라 창피해하고 낙담한 경험을 한 아이들과는 뚜렷한 대조를 보인다. 아이들이 처음으로 접하는 책이 너무 딱딱하면 부정적인 경험을 하게 된다.

'책'이라는 단어는 '생일'이라는 단어만큼 거대한 감정적 반응을 지니고 있다는 점을 명심하라. 일부 사람들은 아기가 엄마 뱃속에 있을 때부터 책을 읽어주기도 한다. 당신은 이런 일을 주위에서 자주 보았을 것이다. 책을 읽어주는 일은 아이가 말을 하기 전부터 시작해야 한다.

태어나면서부터 아홉 달까지는 『곰돌이 푸우』같은 그림책을 아기와 가깝게 한다. 아기가 그 책을 잡아당기거나 찢어버려도 그냥 내버려둔다.

장난감이 들어 있는 책도 무수히 많다. 배나 바퀴가 들어 있는 책, 햄버거나 상자 모양인 책, 아기처럼 '앙앙' 울거나 말하는 장난감이 들어 있는 책, 페이지를 넘길 때 꽃이 피어나듯 별안간 튀어나오는 그림이 있는 책도 있다. 또한 1미터 길이로 접혀 있는 책도 있고, 천장에 매달 수 있는 모빌 형태의 책도 있다. 페이지를 넘길 때마다 향기가 나는 책도 있고, 들어 올리면 펄럭이는 책도 있다. 종이로 만든 용과 괴물들이 살아 있는 것처럼 페이지를 넘길 때마다 와락 덤벼드는 책도 있다.

아기들에게 이런 종류의 책들은 그야말로 환상적이다. 하지만 고가인 책들이 많다. 아는 사람끼리 서로 빌리거나 교환하는 등 어떤 방법으로든 아기에게 주길 바란다. 이런 책들은 단순히 장난감에 불과하다고 생각할지 모르나, 결과적으로 아기가 책에 엄청난 흥미를 느끼는 요인이 된다. 예비독자들에게 책이 재미있다는 단순한 메시지를 제공해주는 것이다.

책에 표현된 언어, 익히는 것이지 배우는 것이 아니다

아이들에게 책을 읽어주는 행위는 책에 대한 사랑을 창조하는 것 이상이다. 이는 아이들이 책에 나오는 언어에 익숙해져서 스스로 책을 읽을 수 있게 해주는 준비작업인 셈이다.

아래 예문은 옛날이야기에서 발췌한 것인데, 오늘날 쓰이는 일상적인 말이 어느 정도 들어가 있는 글이다. 나는 이 글귀를 현대에 맞게 고쳐 썼다.

여왕이 명령했다. "저 쥐새끼를 죽여라." 그래서 우리는 쥐를 포위한 다음 놈을 해치웠다. 우리가 다시 평상심으로 돌아왔을 때는 요리사가 사라지고 없었다.

다음은 누군가가 루이스 캐롤의 『이상한 나라의 엘리스』를 말로 묘사한 것이다.

"저 쥐를 체포하라!" 여왕이 날카롭게 비명을 질렀다.
"저 놈의 목을 베어라! 저 놈의 쥐가 마당 밖으로 나간다! 놈을 잡아서 온몸을 쥐어짠 다음, 놈의 콧수염을 몽땅 뽑아버려라!"
조용했던 마당은 쥐를 잡느라고 몹시 혼란스러워졌다. 사람들이 흥분을 가라앉힐 즈음 요리사는 사라졌다.

『이상한 나라의 엘리스』에 나오는 이 구절은 아주 재미있고 인상적이며 화려하다. 그러나 당신은 말로써 이런 표현을 하지 않는다. 이 글은 책에 표현된 언어이지 말이 아니다.
우리는 서로 이야기할 때 '음' '아하' 등과 같은 불완전한 문장을 사용한다. 누군가의 말을 전할 때 '그가 말했다'와 '그녀가 말했다' 는 표현은 거의 사용하지 않는다. 언젠가 나는 기차를 타고 가다가 십대아이들끼리 하는 얘기를 들었다. 그중에 상당히 인상에 남는 표현이 있었다. 그들은 '그가 말했다' 와 '그녀가 말했다' 라는 말 대신에 '그가 내뱉었다' 나 '그녀가 내뱉었다' 라는 표현을 더 자주 썼다.

책에 있는 문법과 말하는 문법에는 엄연한 차이가 있다. 『이상한 나라의 엘리스』에 나오는 구절에서 루이스 캐롤은 한 단락 내내 시제를 바꾸지 않았다. 내 경우 시제를 잘못 쓰면 편집자가 정정해준다. 당신이 아이들에게 책을 읽어준다면, 아이들은 따로 설명해주지 않아도 시제 일치를 자연스럽게 알게 된다. 이것은 아이들이 스스로 책을 읽을 때 도움을 준다.

그 증거로 나는 어린 여자아이가 내게 조리법을 써서 보낸 편지를 예로 들겠다. 한 초등학생이 20여 편이나 되는 자신의 창작글을 보내왔는데 그중에는 이야기, 시, 일화, 자전적 이야기도 있었다.

머그잔을 가져와서 따뜻한 우유를 따라라. 코코아 한 스푼을 넣고 설탕을 조금 넣어라. 휘저어라. 아주 맛있다.

이 아이는 분명히 여러 종류의 요리책을 읽어보았다. 아이는 무의식적으로 현재 시제를 사용하는 방법을 알고 있다. 심지어 한 단어 문장(휘저어라)을 가지고 명령어를 만드는 방법도 알고 있다. 아이는 요리책에 사용된 언어를 익힌 것이다. 모르긴 해도 이 아이는 이야기책, 매뉴얼, 시집, 지도, 묘비, 슈퍼마켓에 있는 표시판까지도 이해할 것이다.

책을 읽지 않는 아이는 다양한 글자 형태의 언어를 습득하는 과정을 놓치게 된다. 그래서 어떤 구절이 내포하는 의미를 잘 파악하지 못한다. 이런 능력은 익히는 것이지, 배우는 것이 아니다. 그러므로 아이들에게 큰 소리로 책을 읽어주는 것도 한계가 있다. 어느 정도 지나면 아이들은 스스로 읽어야 한다.

가끔씩 우리는 미취학 아이들이 믿을 수 없을 만큼 엄청난 어휘력을 지니고 있는 것에 놀랄 때가 있다. 이런 아이들은 집에서 부모와 함께 책을 읽은 것이 분명하다. 그들의 부모는 틀림없이 풍부한 활자를 체험하는 일이 얼마나 중요한지 알고 있을 것이다.

나는 그런 아이 중 한 아이가 부모와 함께 슈퍼마켓에 가는 것을 따라가 보았다. 아이의 부모가 구입할 물건을 말해주면서 아이에게 그 물건을 찾아오도록 시키는 모습을 볼 수 있었다. 쇼핑하는 내내 그들은 언어 게임을 했고, 아이는 부모가 말하는 슈퍼마켓의 물건 이름을 들으면서 활자로 익히는 연습을 했다.

마음속 지도

아이들은 스스로 말을 하면서 자연스럽게 말의 문법을 익힌다. 또한 책을 읽으면서 책의 언어를 깨우친다. 하지만 이 두 가지는 서로 체계가 다르다. 그렇기 때문에 아이들이 양쪽 모두를 경험할 필요가 있다.

우리는 말을 할 때 책에 없는 방식을 쓰는 경우가 많다. 특별한 단어들을 강조하는 방식인데, 예를 들어 나의 아내는 내가 집을 짓고 싶어하는 절벽 위를 올려다보면서 이렇게 말했다.

"여기에서 당신과 함께 살고 싶어하는 여자는 이 세상에 나밖에 없을 거예요." 이 말에서 '여기'와 '당신' 중에 어느 것이 강조되었다고 생각하는가? 나는 '여기'였기를 바란다. 책에서는 강조를 나타내고자 하는 물음표, 감탄 부호, 이탤릭체 등을 사용하는 경우가 있는데, 이것들은 풍부한 어휘와는 절대로 조화를 이룰 수 없다. 감탄부호를 너무 쉽게 사용하고 있는 것이다.

나는 감탄부호 대신 그 상황에 적절한 단어를 선택하여 독자의 흥분을 이끌어내려고 노력한다. 이야기를 쓰면서 나는 한 번도 감탄부호를 사용한 적이 없다. 첫 책을 낸 출판사에서 책표지에 한번 사용한 적이 있기는 하다. 그것도 출판사에서 책표지 마지막 문장에 감탄 부호 하나만 넣자고 끈질기게 나를 설득하는 바람에 어쩔 수 없이 허락한 것이다.

우리는 구두점을 사용한다. 아이들이 책 읽는 소리를 들을 때 목소리 억양이 중요한 만큼 장르와 문법은 독자에게 중요하다. 이런 규칙은 자주 책을 접하면서 무의식적으로 습득하게 된다. 예를 들면, 대화 방법에는 수백 가지가 있다. 나는 대체로 누가 말했는지 알려주기 위해 '그가 말했다'와 '그녀가 말했다'는 표현을 사용한다. 이런 표현은 원만해 보이지만 젊은 독자들에겐 군더더기 말일 수도 있다. 내가 좋아하는 작가 중 레이몬드 카버라는 미국인 단편소설 작가는 대화자를 표시하는 데 '그가 말했다'와 '그녀가 말했다'만을 사용하고 있었다. 그의 작품을 12편 정도 읽고 나서야 이 사실을 깨달았다. 말하는 사람을 더욱 복잡한 방식으로 지시하는 것도 있다. 예를 들면 다음과 같다.

그녀는 '졌어요.' 하고 날카롭게 대답하면서 그의 제안에 동의했다.

우리가 아이들에게 책을 읽어줄수록 아이는 이런 구조에 점점

38

익숙해지기 때문에 혼자서 책을 읽을 때는 더욱 쉽게 이런 구조를 이해한다.

청각장애 아이들은 특별한 도움을 받지 않는 한 말하기를 배우지 못한다. 말하는 언어의 규칙을 들을 수 없기 때문이다. 마찬가지로 아이도 어른이 책을 읽어주지 않으면 학교에 가기 전에 책의 언어를 습득하지 못한다. 학교에서 배우는 어떤 문장들은 책을 읽어주지 않는 부모 밑에서 자란 아이들에게 다소 이해하기 어려울 수도 있다.

부모가 책을 읽어주며 키운 아이는 문장을 만들 때 무엇을 해야

하는지 잘 알고 있다. 마음속 지도를 갖고 있는 그들은 규칙을 알고 있는 것이다. '옛날 옛날에……' 라는 구절을 주고 완성해보라고 했을 때 완성할 수 없는 아이는 어떤 아이일까? 부모가 읽어주는 이야기를 듣고 자란 아이들은 모르는 단어가 나와도 무슨 뜻인지 예측할 수 있다. 전에 이미 이런 영역을 학습했기 때문이다. 우리는 아이들이 자신의 경험을 토대로 하여 추측할 수 있도록 도와야 한다. 추측하는 것은 아주 바람직한 일이다.

아이들에게 책을 읽어주는 것에서 얻을 수 있는 또 다른 장점은, 아이들의 어휘력이 늘어난다는 것이다. 베아트릭스 포터의 『플롭시의 아기토끼들 이야기』를 보면 '그들은 soporific한 기분이었다' 는 문장이 있다. 나는 어른이 되어서야 'soporific'이라는 단어를 사전에서 처음 찾아보았다. 이 단어는 '잠이 오게 하는' 이라는 뜻이다. 아이가 "아빠, soporific이 뭐예요?" 하고 물어본다면 얼마나 멋진 일이겠는가. 아이는 뜻을 모르는 상태로 단어를 익히고 있는 셈이다.

모든 것을 선생님에게 맡기려는 생각은 바람직하지 못하다. 아이의 중요한 시절은 선생님의 손에 있는 것이 아니다. 아이들이 학교에 갈 때까지 우리는 아이들에게 큰 소리로 책을 읽어줄 소중한 기회를 갖게 된다. 할머니 할아버지, 보모, 친구도 이 재미나는 일에 참여하도록 권장할 수 있다. 그들의 집에 아이가 좋아하는 책을 비치해두는 것도 좋은 방법이다. 만일 당신이 파트너가 있다면 읽어주는 일을 함께 나누는 것이 가장 좋다. 이 일에 참여하지 않는 엄마와 아빠는 아이에게 실망을 안겨주게 된다.

사람들은 중요한 것을 놓치고 있다. 아이들에게 유익한 책은 어른도 즐겁게 해준다. 당신은 J.R.R. 톨킨(반지의 제왕 지은이-옮긴이)이 쓴 『호빗』과 같은 책을 선택할 수 있다. 이 작품은 11~12세 아이들에게 읽어주기에 적당한 이야기다.

이야기는 당근이지 채찍이 아니다

아이에게 책을 읽어주기에 적합하지 않은 특별한 시간대는 피하도록 한다. 대부분의 아이들은 잠자기 전에 이야기를 들려주길 기대한다. 아이에게 깨끗이 양치를 하고, 잠옷으로 갈아입고 오도록 한다. 바로 보상이 따르기 때문에 아이들은 흔쾌히 행동할 것이다. 그런 다음 불을 끄고 잠시 시간을 갖는다.

"이런 경우는 문제 없지요. 그런데 내 아이는 도대체 컴퓨터에서 떠나려 하질 않아요. 텔레비전에서도 끌어낼 수가 없어요." 당신은 이렇게 투덜댈지도 모른다.

이는 그다지 간단하게 해결될 문제는 아니지만, 시도해볼 만한 방법이 몇 가지 있긴 하다. 처음에 아이들은 책 읽어주는 시간을 다른 재미나는 것과 바꾸고 싶어하지 않는다. 책을 읽어주는 일은 처벌이라기보다 보너스가 되어야 한다.

아이가 텔레비전을 보고 있다 해도 절대로 억지로 끌어내지 마라. 차라리 아이가 잠자리에 드는 시간을 선택하는 것이 효과적이다. 잠자려고 할 때 불을 끄지 말고 보너스로 이야기를 들려주는 것이다. 이런 방식이 계속되다 보면, 아이는 이야기를 무언가 잃는 것보다 얻는 것으로 자연스럽게 인지하기 시작한다. 이야기는 당근이지, 절대로 채찍이 아니다.

아이가 텔레비전 보는 시간을 정해놓는 것도 방법이 될 수 있다. 많은 부모들은 아이가 게임을 하고 밖에 나가서 노는 것보다 차분하게 앉아 공부하기를 원한다. 어느 부모라도 아이가 자신이 통제할 수 없는 곳으로 가는 것을 좋아하지 않는다.

그렇다면, 아이에게 책 읽어주는 행위를 언제 그만두어야 할까? 이 물음에 딱히 정답은 없지만, 대체로 아이가 어느 정도 크면

그만두어도 된다고 말해줄 것이다. 내 경우는 아이들이 8~9세쯤
에 스스로 책 읽기를 원했고 그때 그만두었다. 어떤 사람들은 14
세까지 잠자기 전에 책 읽는 것을 즐겼다고 한다. 나는 지금도 누
군가 내게 책 읽어주는 것을 좋아한다.

오디오 테이프를 활용하자

  부모나 돌봐주는 사람을 대신해서 아이에게 책을 읽어줄 만한
도구는 아무것도 없다. 그러나 오디오 테이프는 이야기를 읽어주
는 보조도구로 아주 유용하며, 종종 효과음이나 지은이의 목소리

를 들을 수 있다는 장점이 있다. 텔레비전과는 다르게 이야기는 상상력이 필요하다. 오디오 테이프도 책에 있는 내용을 그대로 읽은 것이기 때문에 옆에서 사람이 읽어주는 효과를 낼 수 있다.

　오디오 테이프로 가장 큰 효과를 보는 곳이 자동차 안이다. 여행이 길어지고 아이들이 안절부절하지 못할 때, 오디오 테이프는 읽기 토대를 구축하는 어휘력을 길러줄 뿐만 아니라 전체 가족에게 즐거움을 선사한다.

　아이들의 읽기 기술을 돕는 데 당신이 해야 할 가장 중요한 일은 무엇일까? 다시 한번 강조하지만, 아이가 아주 어릴 때부터 책을 크게 소리 내어 읽어주는 것이 당신이 할 수 있는 가장 이로운 일이다.

  책을 읽어주는 동안에는 과장된 연기를 한다. 수줍음을 많이 타는 사람도 아이의 침실에서는 빌리 코놀리가 될 수 있다. 목소리를 높이고, 눈을 크게 뜨고, 두려움을 속삭이며 '와아' 하는 함성을 지르면서 이리저리 껑충껑충 뛰는 것이다. 당신의 역할은 공주가 되었다가 왕이 되었다가 시시때때로 바뀌어야 한다.

3

아이와 책을 연결시켜주기

아이가 원하는 것이 아이가 필요한 것

요점정리

- 아이가 원하는 것이 아이가 필요한 것이다.

- 책 모양은 상당히 중요하다.

- 책 읽기 싫어하는 아이들을 위한 책은 없다.

- 마음속에 아이의 개성을 늘 유지시킨다.

- 당신은 재미있는 이야기가 필요하다.

- 읽기 쉬운 책이 좋은 책이다.

- 판단력은 독서 수준을 말해준다.

- 책에도 유행이 있다.

1985년에 내 첫 책이 출간되었다. 내게는 아주 특별한 경험이었다. 친구들은 모두 동네에 있는 워남불 서점으로 몰려들었다. 상당히 많은 사람들이 모였으며 무척 행복했던 시간이었다. 8편의 이야기가 실린 내 작품 『언리얼 Unreal』이 자랑스러웠다. 아이들이 매력을 느낄 만한 책을 만들기 위해 내 힘으로 할 수 있는 일은 다했다는 자부심을 느꼈다.

특히 책을 좋아하지 않는 아이들을 위해서 최선을 다했다. 아이들이 내 이야기를 읽기만 한다면 금세 마음을 뺏기고 말 거라고 나는 확신했다.

서점에서 소감을 발표한 후에 사인회를 열었다. 사람들이 줄을 섰고, 나는 사람들이 원하는 대로 글을 써줬다. 그때 나이든 여자 한 분이 내게 다가오더니 이렇게 말했다.

"내 손자 놈 존은 책 읽는 것을 질색해요. 이 책에다 그 아이가 선생님 책을 읽을 수 있도록 글을 써주세요."

나는 깊은 한숨을 쉬었다. 아이의 관심을 끌 만한 것들은 모두 책 안에 있다. 만일 당신이 아이를 설득시킬 만한 문장을 쓸 수 있다면, 당신도 책을 써서 성공할 수 있다고 장담한다. 나는 정중하게 몇 자만을 적어주었고 그분은 인사를 하고 떠났다.

당시 16세였던 린듀는 내가 사인하는 모습을 관심어린 눈으로 지켜보았다. "저분, 얼굴이 별로 밝아 보이지 않네요. 뭐라고 쓰셨어요?" 린듀가 물었다.

나는 다음과 같이 적었다.

> 존에게
>
> 네가 이 책을 다 읽으면 할머니는 너에게 15달러를 주실 거야.

이렇게 간단한 것이라면 좋겠지만, 아이가 책을 좋아하게 하려고 뇌물로 아이를 유혹할 수는 없다.

아이에게 맞는 책을 선택한다

이 세상은 책 읽기 싫어하는 모든 아이들을 책벌레로 이끌 만큼 충분한 자금을 지니고 있지 않다. 그러므로 당신은 최고로 재미있는 이야기, 즉 아이들이 흥미를 끌 만한 주제와 아이들 스스로 빠져들어 읽을 수 있는 내용이 필요하다.

올바른 책을 발견하는 일은 매우 중요하다. 나를 믿어주길 바란다. 나는 아이들의 흥미를 끌 모든 방법을 알고 있다. 많은 부모들은 자신들이 권해주는 책마다 거부하는 아이의 반응에 절망하곤 한다. 그러나 아이들 마음 어딘가를 따라가 보면 분명 책 읽기와 관련하여 상처받은 경험을 갖고 있다. 책 읽기는 고통을 피하고 즐거움을 찾아야 할 지적인 활동이다. 바로 아이들이 원하는 책이 그들에게 필요한 책이다.

나는 부모들에게서 수많은 편지를 받았다. 그들은 모두 내게 이렇게 말했다. "내 아들은 몇 년간 책을 전혀 보지 않았어요. 그러다 우연히 아들이 선생님의 첫 책 『언리얼』을 읽었지요. 그때부터 아이는 책을 읽기 시작했어요."

물론 모든 사람이 그런 것은 아니다. 한 번은 책 사인회를 시작하려는데 한 엄마가 맨 먼저 줄을 서려고 있는 힘껏 달려와서 내게 말했다.

"내 아들 피터가 선생님 책을 얼마나 사랑하는지 꼭 말하고 싶었어요. 피터는 선생님 책을 모두 읽었어요. 이제 저는 그 아이에게 책을 읽으라고 말할 필요도 없게 됐어요. 여기 선생님 책 『범페이스 Bumface』에다 사인해주세요."

나는 웃으면서 사인을 해주었다. 조금 후에 그 엄마가 얼굴을 붉히며 되돌아왔다.

"어쩌죠, 아까 제가 말한 책은 모리스 글레이츠맨의 책이네요. 제가 너무 바보 같죠?"

그녀는 바보가 아니다. 그녀는 아이에게 딱 맞는 책을 선택했을 뿐이다.

정보 책자나 만화책도 유용하다

내 아들은 요리책을 보면서 읽기를 배웠다. 요리를 무척 좋아하는 아들에게 우리는 어린이 요리책을 사주었고, 부엌에서 요리하도록 허락해주었다. 케이크 만드는 재미에 흠뻑 빠진 아이는 '마가린margarine' 같은 어려운 단어도 읽어냈다. 아이는 요리를 아주 열심히 했기 때문에 어려운 단어를 빨리 익힐 수 있었다. 성장하여 잘 읽을 수 있게 된 후로는 소설책에 빠져 있다. 소설책을 읽는 것은 아이의 커다란 행복 중 하나이다.

나는 아이들이 다른 종류의 책 읽기보다 이야기책 읽는 것을 좋아한다. 이야기책은 우리에게 인간의 행동에 대해 가르쳐주고, 이 세상을 인식시켜준다. 그러나 아이들이 관심 있게 읽을 수만 있다면 어떤 책을 읽어도 상관없다. 한 번은 경마를 몹시 좋아하는 아이에게 읽기를 가르칠 때 '경마 잡지책'을 사용한 적도 있다.

다시 한번 정리해 보면 많은 아이들, 특히 남자아이들은 허구가 아닌 것을 더 좋아한다. 경마, 요리, 외계인, 동물, 낚시 등에 관심이 있으면 정보 책자를 이용할 수도 있다. 안나 프랑크의 『안네의 일기』와 같은 실화는 상당한 흥미와 감동을 준다. 요즘은 모든 분야별, 단계별로 많은 종류의 책이 나와 있다.

내용에 문제없다면 만화책을 선택하는 것도 나쁘지 않다. 만화책이라고 해서 아이들에게 나쁜 습관을 길러주지는 않는다. 그림이 있는 것은 책을 읽는 데 도움을 주지 절대로 해가 되지 않는다.

나도 어릴 때 만화책을 좋아했다.

아이의 개성을 살려주자

내 손녀 사라의 나이 다섯 살이 되자 엄청나게 강한 개성을 지니고 있다는 사실이 명백해졌다. 사라는 어린 나이에도 자신이 무엇을 원하는지 알고 있었다. 사라는 강인한 여성들에 관한 이야기에 관심이 많았다. 사라 자신도 그 이유를 말할 수는 없었지만, 그 아이는 로버트 문취가 쓴 『더 페이퍼 백 프린세스 The Paper Bag Princess』와 같은 책을 읽었다. 이 이야기는 한 왕자에게 구조당하기를 원치 않는 젊은 여성에 관한 내용이다. 결국 이 여성이 왕자를 구하게 된다. 사라가 좋아하는 또 다른 이야기는 『춤추는 12명의 공주들 The Twelve Dancing Princesses』이다. 이 이야기는 그림즈가 쓴 동화로, 아버지인 왕의 말을 듣지 않고 한밤중에 파티를 연 대담한 여성에 관한 이야기다. 아이들에게 책을 골라줄 때는 반드시 아이의 개성을 생각해야 한다.

새로운 것과 낡은 것

아이가 책을 선택하는 폭이 다소 좁거나 단조롭더라도 걱정하지 마라. 무엇보다 중요한 것은 아이들이 책을 읽고 사랑하는 것이다. 아이들은 모두 변한다. 나도 열세 살 때 W.E. 존이 쓴 『비글즈 시리즈 Biggles books』를 모두 읽었다. 그러나 이미 45년 전부터 그 책을 읽지 않고 있다. 어떤 사람들은 에니드 블리튼이 쓴 『얼간이 시리즈 Noddy series』나 『머나먼 마술나무 시리즈 The Magic Faraway Tree books』를 아이들을 위해 선택한다.

문학상을 타지 않은 책을 읽는다고 걱정하지 마라. 때로는 유명한 책을 멀리하는 것도 좋다. 아이들은 자신이 좋아하는 책에 대해서는 가장 훌륭한 비평가이다.

만약 사람들이 공룡 이야기에 빠져 있거나 J. K. 롤링(해리포터의 작가-옮긴이) 같은 특별한 작가 등에 매료되어 있다면, 아이들이 유행을 따르도록 내버려둔다.

몇년 전 『구스범스 시리즈 Goosebumps books』가 전국을 강타했다. 읽기 쉬운 공포물인 이 이야기는 어마어마한 부수가 팔렸다. 이 시리즈를 사지 않은 아이들은 소외감을 느낄 정도였다. 만일 유행이 당신의 기호에 맞지 않는다면 당신은 언제든지 자신이 좋아하는 분야를 소개할 수 있다. 이 두 부분을 혼합해라. 최근에 유행하는 성향이 조잡하다면 절대로 오래 가지 못할 것이다. 대중이 필요로 하지 않는 책이라고 가치 없는 것은 아니다.

만일 당신의 아이가 학교에서 추천하는 책이 너무 어려워서 읽을 수 없다면 아이의 마음도 편치 않을 것이다. 이런 일을 미연에 방지하기 위해 당신은 미리 집에서 널리 알려진 책을 크게 읽어주어야 한다. 책 읽는 일이 재미있다는 것을 서서히 가르치기를 원하는 부모들은 이런 압박을 장점으로 이용할 수 있다. 옷과 게임에 유행이 있는 것처럼 책과 작가에도 유행이 있다.

당신은 언제든 자신이 좋아하는 이야기를 슬쩍 아이들에게 건넬 수 있다. 하지만 그 이야기가 정말로 재미있어야지, 단지 부모의 향수를 불러일으키는 이야기가 아니어야 한다는 점을 명심해야 된다. 많은 부모들이 그렇듯 나도 내 아이들이 어릴 적 내가 좋아한 책을 읽기를 원했다. 가끔씩 아이들도 그 책을 좋아할 때가 있었지만, 대부분 별로 흥미를 보이지 않았다.

책을 선택할 때는 반드시 자신이 갖고 있는 도덕적 가치를 적용한다. 이것은 당신의 권리이다. 그러나 당신의 아이는 대중적인 이야기를 원치 않는다는 엘리트주의적인 생각에 빠지지 않도록 조심해야 한다.

쉬운 내용이 좋은 책이다

일부 부모들은 아이가 읽는 책들이, 자신들이 어렸을 때 읽었던 멋진 고전들과 비교해서 충분히 좋거나 흥미롭지 않다는 점을 걱정한다. 그런 점도 아주 없진 않다. 특히 학교 다니는 아이들에게 이런 현상이 나타난다. 그러나 읽기 쉬운 책이 좋은 책이다. 상담할 때 나는 스탠&잔 베렌스타인의 작품 『베렌스타인 베어즈 시리즈 Berenstain Bears books』를 사용한다. 아이들은 어리석은 아버지보다 더 영리한 아이가 되려는 꾀 많은 생각을 좋아한다.

읽기 쉬운 운을 지닌 책들이 많이 있다. Dr. 수스가 지은 『호톤이 알을 부화하다 Horton Hatches the Egg』는 불후의 명작이다. 내가 가르친 아이들은 이 작품을 매우 좋아했다.

먼저 아이들이 흥미를 갖는 책부터 시작한 다음, 읽기 쉬운 책을 고른다. 당신의 기본적인 의무는 책의 난이도와 아이의 관심을 조화롭게 하는 것이다. 이 일은 결코 쉬운 일은 아니지만 그렇다고 불가능하지도 않다.

한 번은 젊은 남자가 나를 찾아와서 자신에게 글 읽는 법을 가르쳐달라고 했다. 그는 정유회사에서 일하는 꽤 유능한 사람이었다. 그의 업무는 주유소에서 한 달간의 판매 기록을 가져와서 분석한 다음, 회사에 판매 전략을 추천하는 일이었다. 매달 그는 집으로 기록을 가져왔고, 아내가 그 기록을 읽어주었다. 그런 다음 그가 자신의 추천 방식을 말로 표현하면 아내가 그 말을 받아 적었다. 회사에서는 아무도 그가 읽을 수 없다는 사실을 눈치 채지 못했다. 판매회의에 참석할 때 그는 한쪽 팔을 붕대로 감고 가기도 하고, 질문사항이 교부되면 화장실에 가기도 했다.

나는 그에게 지금까지도 잘 지내왔는데 왜 갑자기 글을 배우고 싶은 생각이 들었느냐고 물었다.

"어느 날 길에다 잠시 주차를 하고 어딜 좀 다녀왔어요. 볼일을 마치고 돌아와 보니 다른 차 한 대가 내 차 뒤 범퍼에 바짝 붙여서

이번주에는 네 글자 단어를 공부하고,
다음주에는 '나쁜 자식'과
'쓰레기 같은 놈'을 배울 거야.

주차해 놓았더군요. 차 간격이 너무 좁아 차를 뺄 수 없었어요. 급한 약속도 있어서 빨리 가봐야 했거든요. 한 시간이나 지나서야 주차한 사람이 와서 겨우 빠져나올 수 있었지요. 나는 정말 화가 나서 그 차 유리 정면에 메모를 남겨놓고 싶었지요. 하지만 '나쁜 자식'이라는 글을 쓸 줄 모르니 어쩔 수 없었어요."

내게 이야기를 들려주면서 남자의 눈에 눈물이 그렁그렁 맺혔다. 그는 몇 년간 도와줄 사람을 찾고 있었다고 했다. 책을 읽는 두려움이 지나치면 공포증이 될 수 있다. 어렸을 때 책 읽기를 실패한 사람은 평생을 힘들게 살아간다. 글을 읽을 수 없는 것은 커다란 고통이다. 이런 고통은 회피행동을 이끌어낸다. 우리가 아이들에게도 너무 힘든 일을 하라고 한다면 그들은 감정적인 반응을 나타낼 것이다.

그러니 책을 고르는 데는 신중하게 선택해야 한다. 그러면 아이들에게 너무 어려운 책을 선택하지 않게 된다. 모든 불쾌한 경험은 책을 읽지 않는 길로 가는 한 걸음이다.

난이도를 평가하자

책의 난이도를 어떻게 판단한단 말인가? 이것은 연습이 필요하다. 그러나 이내 아이를 위해 어떤 책이 적당한지 직감으로 알게 된다. 책을 대충 훑어본 다음, 주제와 관련된 개념을 판단해야 한다. 아이가 책에 나오는 글을 모두 읽을 수 있다 해도 그 뜻을 모두 이해하고 있는 것은 아니다. 의미를 알지 못하면서 읽는 건 읽는 것이 아니다.

책을 읽는다는 건 머릿속에 무언가를 입력하는 것이다. 예전에 나는 잘 읽지 못하는 사람들을 대상으로 읽기와 쓰기를 가르친 적이 있었다. 그들 중에는 "나는 모든 요구에 만족했다"와 같은 복잡한 문장을 읽을 수 있는 남자가 있었다. 하지만 그는 사과라는 단어와 사과 그림을 일치시키지는 못했다.

단어를 발음할 수 있다고 해서 절대로 그 단어를 읽는 것은 아니다. 그러니 아이들에게 읽도록 선택한 책의 주제가 너무 어렵지 않아야 하는 점을 명심해야 된다.

단어의 길이는 글의 난이도에 따라 달라져야 한다. 긴 단어가 너무 많으면 내용이 어려운 것처럼 보이기 쉽다. 그렇다고 이것이 절대적인 규정은 아니다. 예를 들어 lipstick(립스틱)은 cell(독방)보다 단어 길이가 길지만 읽기는 더 쉽다.

난이도를 더 정확하게 말해주는 것은 문장의 길이다. 책을 읽는데 장애가 있는 아이들은 삽입된 구와 절의 긴 문장을 읽으면 어렵다고 느낀다.

다음 문장을 보고 한 번 생각해보자.

검을 손에 든 알프레드는 몸을 돌렸고, 예전에 마녀가 그에게 일러준 말이 기억나서 칼을 높이 들어 휘둘렀더니 용의 머리가 싹뚝 잘려나갔다.

이 문장에서 알프레드가 용의 머리를 베었다는 것이 가장 중요한 부분이다. 그러나 책을 읽는 아이는 문장을 끝까지 읽기도 전에 요지를 잃어버리게 된다.

이 문장을 다시 표현해보자.

알프레드는 용을 피해 달아났다. 그때 마녀가 일러준 말이 생각났다. 알프레드는 다시 몸을 돌려 칼을 높이 휘둘렀다. 용의 머리가 바닥으로 떨어졌다.

어니스트, 정말 아름다워요!
이렇게 감동받아본 적이 없어요.

작은 덩어리가 소화되기도 쉽다. 작은 조각으로 받아들여야 이해하기 쉬운 법이다.

노벨상을 받은 어니스트 헤밍웨이와 사뮤엘 벡트는 문장을 명확하고 세련되게 썼다. 단순하고 명확한 문장이, 독자를 어리둥절하게 만드는 장황하고 복잡한 문장보다 더욱 쓰기 어려울 수 있다.

그렇다고 나는 작가로 하여금 긴 단어나 긴 문장을 함께 사용하지 못하게 함으로써 작가의 손을 묶어놓으라는 말은 아니다. 훌륭한 작가는 긴 단어와 긴 문장을 잘 섞어서 균형을 맞추는 방법을 잘 알고 있다. 글의 균형을 잘 맞추는 것이 바로 작가의 능력이다.

다음 문장을 보자.

그 남자는 감옥(prison)에 있다.

감옥은 발음과 뜻이 모두 어려운 단어다. 이런 경우에 우리는 문장을 길게 만들어서 쉽게 만들 수 있다. 우리가 할일이란 단어 하나를 추가하는 것뿐이다.

그 남자는 감옥에 갇혔다.

'갇혔다'는 단어가 단서를 주었기 때문에 아이들은 '감옥'이라는 단어를 더 잘 이해하게 된다. 또 단어를 바꾸는 것도 고려해볼 만하다.

죄인이 감옥에 갇혔다.

죄인이라는 말을 넣음으로써 더 쉬워졌나, 아니면 더 어려워졌나? 내 생각에 이 단어는 사용하지 않는 것이 좋을 듯싶다. 죄인에서 죄를 발음하기 어려워 제인으로 발음할 가능성이 높기 때문이다. 아니면 죄인이라는 단어 대신 '도둑'이나 '범인'으로 바꾸는 것도 괜찮다.

다양한 책 모양

책을 선택하는 데는 심리적인 요소와 사회적인 요소도 고려해야 한다. 당신이 선택한 책이 너무 어려워 읽을 수 없어 보이면 안 된다. 또 너무 쉽게 보여서도 안 된다. 만약 선택한 책이 너무 어렵다면 아이들은 당연히 읽으려고 하지 않을 것이다. 또 너무 유치해 보이면 아이들은 그 책을 우습게 볼 것이다.

우리는 아이들이 우습게 여기지 않을 읽기 쉽고, 세련된 책을 선택할 필요가 있다. 거기다 내용이 재미있고, 매력적인 책을 골라야 한다. 감정을 움직이고 호기심, 웃음, 눈물, 스릴, 분노, 기대를 불러일으키는 책을 선택해야 한다. 즐거움과 경이로움이 가득한 책을 아이들에게 선사해야 한다.

책의 모양은 아이들에게 상당히 중요하다. 첫 책이 나올 때 나는 출판사에 글자가 작은 조그마한 페이퍼백으로 출판해달라고 요청했으며, 페이지에 빈 공간을 많이 넣지 말라고 부탁했다. 당시는 성인물에서 이런 책이 유행이었다. 페이지마다 빈 공간이 많으면 큰 아이들에게는 삽화나 큰 활자처럼 '유치하게' 보일 수도 있다. 나는 12세 정도 된 아이들이 보고 자부심을 느낄 만한 책을 쓰고 싶어 몸살이 났다.

유행도 변한다. 요즘의 성인들은 큰 글자가 있는 큰 책을 좋아하고, 페이지에 여백이 많은 것을 선호한다. 이런 성향은 우리를 조금 안심시키는 부분이 있다. 활자가 크고 여백이 많은 책은 밤에 침대에서 읽을 때 덜 피로하기 때문이다. 아이들 책은 유행에 더욱 민감하다. 출판사는 활자를 크게 하고 여백을 더 많이 넣어 청소년용 소설을 출간한다. 그래도 독자들은 전혀 유치하다고 느

끼지 않는다. 유행이기 때문이다.

결국 내용은 책 표지 사이에 있다. 그러니 내용으로 판단해야 한다. 부모들이 어떤 책을 좋아하지 않을 경우에 아이도 그 책을 좋아하지 않을 가능성은 매우 높다. 아동작가들은 좋은 이야기는 어른까지 사로잡을 수 있다는 사실을 잘 알고 있다.

J. K. 롤링의 작품 해리포터 시리즈가 엄청난 인기를 끈 것도 바로 그런 이유이다. 어른들도 해리포터를 즐겨 읽는다. 『해리포터와 마법사의 돌』은 한여름 해변에서 가장 인기 있는 책이다.

장편이든 단편이든, 재미있거나 슬프거나, 두렵거나 기발하거나, 신비롭거나 불가사의하거나 간에 이야기의 본질적인 요소는 매력을 끄는 것이다. 나는 내가 출판한 작품이 독자의 관심을 끌지 못할까봐 늘 두려워한다. 글쓰기에서 가장 큰 죄는 지루한 글을 쓰는 일이다.

그렇다면 훌륭한 책은 어디서 구할까?

숫자와 색깔별로 난이도를 구분해놓은 책으로 가득 찬 책장에서 좋은 책을 찾기란 여간 어려운 일이 아니다. 복잡한 주제를 다룬 시리즈도 많다. 이런 작품 중에는 보석 같은 작품도 있으나 대체로 내용은 매우 평범한 편이다. 이런 책에서는 수준별로 난이도를 고르기는 쉽지만 재미나고 독창적인 이야기를 발견하기란 쉽지 않다.

많은 학교와 서점에는 공포물이 구비되어 있다. 이런 책은 '책을 읽기 싫어하는 독자들'과 읽기를 배우는 데 어려움을 겪고 있는 아이들을 겨냥한 것이다. 그러나 책을 읽기 싫어하는 독자를 위한 책은 없다. 어떤 이야기책이, 책 읽기를 좋아하는 독자들의 관심을 끌지 못했다면 읽기에 어려움이 있는 아이들은 더욱 매력을 느끼지 못할 것이다.

책 읽기 싫어하는 독자를 위한 글 쓰기는, 일반 독자를 위해 글을 쓰는 것과 마찬가지다. 책 읽기를 싫어하는 아이들도 다른 아이들과 똑같은 책이 필요하다. 다시 말해 그들도 아주 재미난 이야기와 이해하기 쉬운 글을 읽을 자격이 있다.

나는 내가 재미나고 읽기 쉬운 글을 쓸 수 있는 가능성이 있다는 사실을 깨달았고, 그래서 흥미롭고 재미있는 줄거리를 지닌 짧은 이야기를 쓰기로 결심했다.

나는 고의적으로 읽기 쉬운 이야기를 만들었다. 그러면서도 책 읽기를 좋아하는 아이들을 겨냥하여 글을 썼다. 책 읽기를 싫어하

아이들이 책과 친하게 지내기

는 아이들은 다른 아이들이 읽은 책을 읽고 싶어하는 경향이 있다. 나는 강력한 줄거리와 감정적인 면을 자극시켜 모든 아이들을 매혹시키려고 노력했다. 책을 싫어하는 아이들에게도 이해하기 쉬운 글을 써서 문을 활짝 열어놓았다.

만일 당신의 아이가 책 읽는 것을 지루해한다면 아이의 담임 선생님을 찾아가서 좀더 재미있는 책을 추천해 달라고 정중히 부탁하는 것도 좋은 방법이다. 아이들과 책을 조화시키는 일은 모든 선생님의 훈련 과정에 포함되어 있다. 이것은 부모로서 당신의 권리이기도 하고, 학생으로서 적당한 난이도가 있는 재미있는 책을 읽을 아이의 권리이기도 하다.

마음에서 우러나오는 책

지은이가 이야기를 써야겠다는 강한 욕구로 마음에서 우러나와 쓴 책을 읽도록 한다. 단순히 쉬운 수준의 어휘만을 사용하여 쓰여진 교육적인 소재에 속지 말고, 마이클 엔드의 『더 네버엔딩 스토리The Neverending Story』 같은 사랑스런 책을 읽게 한다.

당신이 사는 동네 서점에는 책이 산더미처럼 쌓여 있다. 학교 도서관 사서는 당신의 아이가 책을 고르는 데 도움을 주고 싶어할 것이니, 얼마든지 사서에게 도움을 요청할 수 있다. 사서가 월급 받고 하는 업무가 바로 그런 일이니까. 출판사나 작가의 홈페이지도 유용하게 이용할 수 있다.

그런데 최근에 한 도서관 사서가 '사서' 라는 이름이 '정보 기술자' 로 바뀌었다고 내게 말해주었다. 그래서 학교에서는 컴퓨터를 설치할 자금을 모으는 중이라고. 맙소사, 그럼 우리는 어떻게 하란 말인가? 아이들이 책을 사랑하도록 가르치는 것은 부모와 선생님 그리고 사서의 몫이다.

컴퓨터는 인간적인 요소가 결여되어 있다. 우리는 앞으로도 계속 사서가 필요하다. 만일 학교 도서관이 충분한 책을 제공해주지 못하거나 '정보 기술자' 만 두어 아무도 책을 돌보지 않는 상황이 되면 데모라도 해야 한다.

새로 나온 책을 읽고 싶은데, 어떤 책을 읽어야 할지 결정하지 못하겠으면 동네의 서점 주인에게 물어보면 된다. 그들은 대부분 도움을 주고 싶어한다. 만일 그렇게 하지 않으면 다른 서점으로 가면 된다. 아니면 아동 전문서점을 찾아가는 방법도 있다.

나는 내 아이들에게 고르고 싶은 책을 고를 기회를 자주 만들어 준다. 아이들에게 가격 제한을 한 다음 아동 도서 코너에서 책을 고르게 하는 것이다. 아이들이 너무 어려운 책을 고르면 당신이 아이들에게 읽어주면 된다.

4

좋은 이야기는
아이를 변화시킨다

매력적인 아이 만들기

 요점정리

- 좋은 이야기는 아이들이 가족의 소중한 구성원이 되도록 도와주고, 아이의 꿈이 실현될 수 있다는 사실을 일깨워준다.

- 좋은 이야기는 아이를 매력적인 사람으로 만든다.

- 이야기의 창조자는 두 사람이다. 한 사람은 작가이고, 다른 한 사람은 독자이다.

- 아이에게 감동적이고, 감성적인 이야기를 읽어야 한다고 너무 겁을 줄 필요는 없다.

- 아이를 돌보는 여러 가지 사랑의 행동 중 하나는 아이에게 재미있는 책을 읽어주는 일이다.

어느 여름날 작은 바닷물 웅덩이에서 게 한 마리를 보았다. 다섯 살 된 내 아들은 게에게 많은 관심을 보였고, 나는 거리낌 없이 물웅덩이에 들어가 게를 잡아서 아이에게 주었다. 이것이 아들에게는 좋은 학습이 되었다.

어느새 아이는 게가 집게발을 가지고 있으며, 주의하지 않으면 꽉 물린다는 사실을 터득했다.

하늘은 푸르고 주위는 한산했다. 그때 힘차게 뛰어오는 발자국 소리가 들렸다. 열두 살 정도 되어 보이는 두 명의 소년이 겨드랑이에 파도타기용 보드를 끼고 모래사장을 달리고 있었다. 발을 질질 끌며 실수해서 넘어지지 않으려 안간힘을 쓰고 달렸다. 서로 자기가 먼저 가려고 경쟁하는 것처럼 보였다. 그러던 아이들이 갑자기 멈추고는 내 아들이 놀고 있는 작은 웅덩이에 관심을 보였다.

"야, 저것 좀 봐."

키 큰 아이가 소리쳤다.

"꽃게다!"

그 아이는 내 아들을 난폭하게 밀치더니 고의로 작은 게를 짓밟아 그 자리에서 죽이고 말았다. 게에게 셀리라는 이름을 지어주고 친구가 되기로 한 아들은 갑작스런 사태에 놀라기도 했고, 작은 친구를 잃은 슬픔과 실망으로 엉엉 울어댔다.

나는 벌떡 일어섰다.

"너희들, 이리 와라……"

두 아이가 저 멀리 달아나고 있을 때 끝마치지 못한 문장이 허공으로 사라졌다. 순식간에 놈들은 파도타기용 보드를 저어가며 바다로 들어가고 있었다.

"꼬맹이 갱스터 놈들!"

나는 중얼거리면서 울고 있는 아들을 안아 올려 달래주었다.

"이놈들 걸리기만 하면, 내 손에……"

이번에도 문장을 완성하지 못했다. 설령 두 아이를 잡는다 해도 특별히 내가 할일은 없었다. 다른 사람의 자식을 크게 꾸짖을 수는 없는 일이다.

이런 일은 아주 흔하게 일어나며, 매일 어디서든 더 나쁜 일들이 발생한다. 경솔하거나 잔인한 사람들은 세계 도처에 깔려 있다. 그들은 자신의 행동이 다른 사람들에게 어떤 영향을 주는지 알지도 못할 뿐더러 관심도 갖지 않는다.

이야기에 감동받은 악동

이 사건이 있고 두 달쯤 지나서 나는 학교에서 6학년 아이들에게 책을 읽어주었다. 내가 읽어준 책은 나의 책 『믿을 수 없는 이야기Unbelievable』에 있는 「약장수 The Busker」로 죽은 강아지에 대한 슬픈 이야기다. 내 이야기는 대부분 재밌고 웃기지만 나는 늘 작품 속에 진지한 이야기를 집어넣는다.

이야기를 거의 다 읽었을 때쯤 나는 반 아이들을 내려다보았다. 맨 앞에 앉은 한 남자아이가 울고 있었다. 그 아이는 어린 강아지와 주인이 불쌍하다고 말했다. 나는 내 이야기가 그 아이에게 감동을 주었다는 사실에 깊은 자부심을 느꼈다.

그런데 자세히 보니 울고 있던 아이는 두 달 전 아들의 게를 짓밟아 죽였던 바로 그 소년이었다. 이 사건은 내게 적지 않은 충격을 주었다. 집으로 돌아오면서 나는 이야기가 얼마나 강력한 힘을 지니고 있는지 새삼 깨달았다.

이야기는 사람의 삶과 태도를 변화시킬 수 있다. 이야기는 우리를 더욱 인간답게 만든다. 이야기는 고통을 끝낼 수 있고, 폭력을 막을 수도 있다. 이야기 속에 빠져 있는 동안 우리는 다른 사람이 된다. 이야기 속에서 우리는 모든 것을 잃고 홀로 된다는 것이 어떤지 알게 된다.

수줍음을 타거나 불안해하거나 연약한 것이 어떤 건지도 이해하게 된다. 또 우리는 약탈당할 때의 느낌이 어떤지 혹은 싸움꾼의 표적이 되는 게 어떤 느낌인지도 책을 통해서 느낄 수 있다.

내 이야기는 게를 밟아 죽인 소년에게 영향을 주었다. 그 아이는 감정이입을 배웠고 다른 사람의 이야기에 감동받았다. 이것이 우리를 진정한 인간으로 만드는 요소이다.

마법의 마음

책에 있는 이야기는 영화나 텔레비전과는 다른 방식으로 우리를 다른 사람의 마음속으로 안내한다. 작가와 독자가 지니고 있는 마법의 마음은 스크린이 제공할 수 없는 장면을 창조해낼 수 있다. 글은 우리를 그순간 어떤 것도 하지 못하도록 눈물짓게 하거나 웃게 만들 수 있다.

책에 있는 이야기는 가장 경이로운 기교를 부린다. 이야기는 우리를 우주의 끝으로 데려다줄 수도 있다.

이야기는 우리로 하여금 영웅이 한 행동을 모방하게 한다. 그리고 모범을 보여주기도 하고, 충고를 하기도 하고, 별자리를 가르쳐주기도 한다. 한편 우리를 어두운 장소로 이끌기도 한다. 이야기는 우리를 인류의 영예로운 구성원으로 만들어주고 꿈이 실현될 수 있다고 말해준다.

이런 모든 것들로 이야기는 우리를 즐겁게 해준다. 설교를 좋아하는 사람은 별로 없다. 이야기는 설교할 필요가 없다. 좋은 이야기는 우리를 좋은 사람이 되도록 이끈다.

그러므로 책을 읽지 않는 아이들은 진정한 인간이 되는 아주 강력한 작용 중 하나를 빼앗기는 셈이다. 당신이 이야기에 있는 노

74

파의 삶 속으로 들어갔다고 해서, 그 노파의 삶이 마음에 든다고 해서 기차를 탄 노파에게 달려가 놀라게 할 수는 없다. 또 당신이 책속의 도망자를 익사시키기 위해서 이야기 속 배를 바다로 밀어 낼 수는 없는 일이다.

이야기의 창시자는 두 사람이다

이야기는 글이 생기기 훨씬 전부터 전해졌다. 호주 원주민 사회에는 수천년을 이어온 많은 이야기들이 있다. 말로 이야기를 전달하는 구전전통은 모든 사회가 소중히 여긴다. 요즘에도 많은 청소년들이 어린 시절 자신의 이야기와 가족 이야기를 듣는 것을 좋아한다. 그러나 불행히도 학교와 일의 압박으로, 또 컴퓨터와 텔레비전의 유혹 때문에 구전전통은 예전처럼 우리 문화에서 강하게 뿌리 박혀 있지 않다. 이것은 오늘날 글로 쓴 이야기가 왜 그렇게 중요한지를 설명하는 한 가지 이유이다. 글로 쓴 이야기는 말로 하는 이야기의 차선책이다.

컴퓨터가 이야기를 말해줄 수 있는가? 내 손자인 존이 악몽을 꾼 일이 기억난다. 존은 자신의 삶을 다 소진해서 불구덩이 속으로 떨어졌는데, 그곳에서 용에게 잡아먹히는 꿈을 꾸었다고 했다.

"그 아이가 왜 그런 꿈을 꾼 것 같니?"

나는 딸에게 물었다.

"자기 전에 컴퓨터 게임을 했어요. 게임에서 다양한 적들과 싸움을 했지요. 존의 '삶'은 모두 다섯 개인데, 그 삶을 다 써버리면 화면 속의 사람이 구덩이로 떨어져 용에게 잡아먹히게 돼요. 화면에는 '안 됐구나 존. 넌 죽었어'라는 말이 떠요."

존이 악몽을 꾼 것은 하나도 이상할 게 없다. 컴퓨터는 실제로 아이의 이름을 게임 속 케릭터와 동일시하도록 하고 있다. 내가 만일 주인공이 피투성이 전투에서 싸우다가 연달아 죽는 이야기를 쓴다면, 아무도 내 이야기를 출판하려고 하지 않을 것이다. 그러니 컴퓨터의 용 게임은 제대로 된 이야기가 아니다. 그 속에는 도덕적 가치도 없고, 전투 장면 외에 그 어떤 여정도 없다.

컴퓨터 소프트웨어를 만드는 회사도 점차적으로 이런 문제의식을 갖기 시작했다. 그래서 어떤 프로그램은 도덕적, 윤리적 가치를 포함하고 있는 것들도 있다. 케릭터나 영웅은 용감하고, 자기 희생적이고, 영원하고, 겸손할 수 있는 선택을 할 기회를 갖게 된다. 선택한 것이 지혜롭고 인정이 많으면 게임하는 사람이 이길 수 있는 기회가 많아진다. 이런 게임은 인터넷으로 전세계에 살고 있는 다른 경쟁자와도 게임을 할 수 있다.

이런 게임도 일종의 이야기를 해주는 것이다. 그러나 참가자가 선수이다. 게임은 자기 자신만의 여행을 떠난다. 다른 사람의 여행이 아니다. 경험의 질에 따라서는 이런 게임도 가치 있을 수 있다. 차이점이 미묘하지만 컴퓨터 여행은 게임이고, 책 안의 것은 이야기다. 두 가지는 엄연히 다르다.

텔레비전과 영화에도 이야기가 있고, 감동적인 이야기를 극찬하는 사람도 많다. 이 의견에 전혀 동의하지 않는 것은 아니다. 나도 내 작품을 텔레비전 시리즈 원고로 쓴 적이 있으니까. 하지만 스크린을 통해 전달되는 이야기는 아이들이 책을 탐독했을 때 마음속에 창조하는 굉장한 장면을 절대로 대신하지 못한다.

스크린 이야기는 예산과 규모가 제한되어 있다. 심지어 3D 아이맥스 스크린조차 사람의 마음으로 상상하는 장면을 창조해낼 수 없다. 언제 어느 때나 이야기의 창시자는 두 사람이다. 한 사람은 작가이고, 다른 한 사람은 놀라운 상상력을 지닌 독자이다.

『블로민의 12송이 장미A Dozen Bloomin' Roses』라는 내 이야기가 아이들이 읽기에 조금 무섭다고 생각한 학부형의 말이 생각난다.

"더 이상 이 책을 못 읽겠어요. 주인공은 터널에 갇히고, 기차는 그 아이를 뭉개고 지나가요. 절망한 소년은 꽃 한 줌을 집어들어 피를 뿌리듯 던집니다."

나는 그녀의 말에 소름이 끼쳤다. 그리고 내 이야기를 한 장씩 넘겨보았다. 그 장면은 아이들이 너무 놀라지 않게 하기 위해 각별히 주의를 기울여 쓴 것이다. 나는 그 부분을 학부형에게 큰 소리로 읽어주었다.

기차가 터널로 돌진했다. 기차가 속도를 떨어뜨리자 나는 꺾인 꽃가지 한 송이를 보았다. 그 꽃은 완충기 장치에 꽉 박혀 있었다.

"이 부분이 어떻다는 거죠?"

나는 항의하듯이 물었다.

"네, 겉으로 보기엔 아무렇지 않죠. 하지만 저는 마음속에서 실제로 무슨 일이 일어났는지 보았어요."

그녀가 대답했다.

이런 토론 끝에 나는 수많은 독자들이 내 이야기를 읽게 되리라는 결론을 내렸다. 부모들은 수준 높은 독자라면 감정적으로 준비되지 않아도 어떤 책이든 모두 소화할 수 있다는 사실을 알아야 한다. 나는 아이들이 너무 두려워하지 않게 하려고 부단히 노력한다. 그리고 나는 이 세상을 삭막하고 끔찍한 장소로 나타내지 않는다.

가끔씩 내 이야기에 나오는 사람들은 정말로 죽기도 한다. 그러나 나는 늘 해피엔딩을 추구한다. 아동용 책에 대해 알고 있는 사람들은 대부분 초등학생이 읽어야 할 이야기에는 최소한 희망이 들어가야 한다고 생각한다.

우리는 희망보다 더 많은 것을 바랄 수 있고 즐거움, 용기, 경이로움, 웃음, 연민 등을 제공할 수 있다. 이야기는 우리가 지역사회의 일원으로 사리분별을 할 줄 아는 사람이 되도록 도움을 준다.

이야기에 대한 이런 사랑은 초창기부터 시작되었다. 이야기는 인간의 드라마에 참여하고 있다. 그러니 우리가 진정으로 우리 아이를 잘 돌보려면 아주 어릴 때부터 아이에게 책을 접하게 해야 한다. 얼마나 아이를 사랑하는지 굳이 말로 할 필요는 없다. 우리는 사소하고 불필요한 고통에서조차 아이를 보호하고 싶어한다. 그러면서 우리의 아이 역시 다른 사람의 고통을 어루만져주는 사람이 되길 원한다.

상상력이 풍부한 아이는 사랑스럽다

딸아이 린듀가 다섯 살 때 나는 린듀의 학교에 불려간 적이 있었다.

"린듀가 엉엉 울면서 한마디도 못하고 있어요. 지금 곧 오실 수 있나요? 혹시 무언가 삼켰을까봐 걱정이네요." 하고 린듀의 담임 선생님이 내게 전화를 걸어왔다.

나는 정신없이 학교로 달려갔다. 린듀는 마구 흐느끼며 숨도 제대로 쉬지 못했다.

"얘야, 왜 이러니? 아빠에게 말해봐."

딸아이는 여전히 말을 하지 못했다. 더럭 겁이 난 나는 "린듀를 병원으로 데려가야겠어요." 라고 하자 린듀의 선생님이 말했다. "이 애 언니 트레시에게 물어보는 건 어떨까요?"

트레시는 린듀보다 두 살이 더 많다. 담임선생님 말대로 어쩌면 트레시가 이유를 알고 있을지도 몰랐다. 트레시를 불러서 린듀와 대화하도록 하고, 우리는 문 밖에서 불안한 마음으로 기다렸다. 마침내 트레시가 나왔다.

"린듀는 아무도 미운 오리 새끼와 놀려고 하지 않기 때문에 우는 거래요."

그순간 우리는 힘이 쭉 빠졌다. 린듀의 선생님은 수업시간에 아이들에게 『미운 오리 새끼』를 읽어주었다고 했다. 책을 거의 다 읽었을 때 끝나는 종이 울렸고 다음 시간은 놀이시간이었다. 결국 미운 오리 새끼가 아름다운 백조로 변해서 진정한 가족을 찾는다는 내용까지는 읽지 못했다고 한다. 린듀는 아무도 놀아주지 않는 불쌍한 미운 오리 새끼 생각에 마음이 아파서 운 것이다.

한스 크리스티안 안데르센은 분명히 좋은 이야기를 쓰는 방법을 알고 있었다. 시대를 초월한 이 작품은 수많은 사람들에게 감동을 주었다. 이런 주제는 우리 조상들이 동굴에서 살던 때부터 계속해서 다른 형태로 조금씩 바뀌어 전해지고 있다.

내 두 딸은 감성적으로 자라나 성인이 된 지금 어른을 공경하고

많은 이들에게 사랑받는다. 두 아이는 어릴 적부터 책을 사랑하고 가까이 했다. 감동적이고 감성적인 이야기를 읽으며 자란 사람들은 경계할 필요가 없다. 이런 습관은 일찍 시작할수록 좋다. 상상력이 많은 아이, 어른을 잘 공경하는 아이, 따뜻한 미소를 보낼 줄 아는 매력적인 아이를 만들기 위해 당신이 아이에게 해야 할 행동은 많이 있다. 아이에게 책을 읽어주는 것은 가장 중요한 사랑의 표현이다.

5

미취학 아이를 위한
행복한 책 읽기

노래 가사처럼 자연스럽게 익히자

요점정리

- 아이들은 모두 서로 다른 속도로 성장한다.

- 초등학교 저학년 시기가 중요하다.

- 아이들은 의미를 알지 못해도 읽고 있다고 느낀다.

- 아이들을 학교에 보내는 적절한 시기

- 학급 친구에게서 받는 스트레스

- 처음에는 즐겁고 재미있는 책을 선택한다.

- 중얼거림도 진정한 독서이다.

만일 당신이 아이에게 책을 읽어주다가 중간을 슬쩍 건너뛴다면, 그순간 아이는 소리를 지르며 항의할 것이다. 아이들은 책 내용을 완전히 읽어주길 원한다. 아이들을 속일 수는 없다.

노래 가사처럼 자연스럽게

좋아하는 이야기를 반복해서 읽어주는 것은 이야기 전체를 노

래 가사처럼 익히게 만든다. 이런 현상은 매우 유익하다. 이렇게
하면 아이들은 이야기를 읽을 수 있기 전에 미리 단어를 익히게
된다. 아이들이 스스로 책을 훑어보거나 당신이 크게 읽어주는 소
리를 귀 기울여 들으려고 한다면, 그것은 개개인별 단어를 각각
인식하기 시작했다는 뜻이다. 아이들도 그들만의 방법이 있다.

아이에게 책을 읽어줄 때 단어를 하나씩 지적해주는 것도 좋은
방법이다. 절대로 단어를 읽어보라는 강요를 하지 말고, 가끔씩
활자에 관심을 갖게 한다(이야기에서 중요한 단어에). 한 페이지에
단어가 1~2개씩 나오는 책은 특히 이런 방법이 중요하다.

가끔씩 아이들은 책 전체를 암기하기도 한다. 그러면 아이는 당
신이 그 책을 읽을 때 따라서 읽을 것이다. 이럴 때 아이가 실수하
더라도 지적하거나, 단어의 뜻을 물어보아 따라 읽는 아이의 기분

을 망치면 안 된다. 아이는 함께 참여하는 데 즐거움을 느끼고 이럼으로써 스스로 읽는다고 느끼는 것이니, 아이의 이런 생각을 깨지 않는 것이 중요하다. 아이는 결국 스스로 알게 될 것이다.

운을 지닌 이야기는 아이들이 다음 내용이 무엇일지 예견하는 데 도움이 된다. 닥터 수스의 작품 『그린 에그스 앤 햄Green Eggs and Ham』에서처럼 계속되는 반복어를 사용하는 이야기는 아이들이 다음 내용을 추측할 수 있게 해준다. 문장 맨 끝에 나오는 단어는 대체로 다음에 무엇이 올까 하는 기대를 하고, 시작하는 단어는 종종 반복된다. 어린 아이는 이런 형태를 쉽게 따라 한다. 예를 들면 다음과 같다.

이 집에 있는 고양이가 마음에 드나요?
이 집에 있는 쥐가 마음에 드나요?

아이를 학교에 보내는 적당한 시기

미취학 아이들에게 늘 논란이 되는 문제는 몇 살에 학교를 보내는가이다. 맞벌이 부부는 이런 질문에 종종 스트레스를 받곤 한다.

이 질문의 대답은 그리 간단하지 않다. 아이들 각자는 개인차가 있어서 서로 다른 속도로 성장하기 때문이다. 어떤 아이는 10개월 만에 걷고, 어떤 아이는 18개월이 되어서야 걷는다. 그러나 두 아

이 모두 정상 범위에 들어와 있다. 마찬가지로 일부 아이들의 언어 기술이 매우 높은 경우도 있는데, 아이들이 익히는 단어와 문법적인 차이가 6개월 내에서 차이를 보이는 것 역시 평범한 일이다.

예를 들면, 5세 6개월 된 아이의 언어구사 능력은 다른 아이들보다 6개월 정도 빨라 거의 6세 수준이다. 반대로 이 아이와 함께 학교에 다니는 또 다른 아이는 언어 능력이 다른 아이들보다 6개월 정도 느리다. 비록 두 아이가 모두 정상 범위 안에 있다고는 하지만 실제로는 언어 능력이 1년이나 차이난다.

학교가 두 아이에게 단계별로 알맞은 수준의 학습을 진행할 수 있다면, 두 아이의 문제점은 큰 걱정거리는 아니다. 그러나 언어 구사 능력이 늦은 아이가 일찌감치 읽기에 실패했다고 스스로 인식하게 되면, 이런 부정적인 태도는 비극적인 결과를 보일 수 있다. 대부분 아이 스스로 자신이 잘 읽지 못한다고 인식하는 것이 읽기를 못하는 원인이 된다.

다른 일도 마찬가지다. 나는 성장속도가 느린 아이는 1년 늦추어 학교에 보내는 편이 차라리 낫다고 생각한다. 이 말이 별로 실현 가능성이 없어 보인다는 것도 알고 있다. 맞벌이 부모나 집에서 할일이 있는 부모의 아이가 학교에 갈 날만 기다리는 심정도 이해한다. 하지만 성장이 늦은 아이들이 계속해서 반복학습을 받는 것보다 1년을 늦게 시작하는 것이 더 바람직하다고 생각한다.

크레이그라는 남자아이가 있었다. 그 아이는 2학년이었는데 학습과정이 너무 뒤떨어져서 낙제를 했다. 선생님과 아이들은 크레이그를 무시하거나 막 대하진 않았지만, 크레이그 자신도 글을 읽을 수 없다는 사실을 잘 알고 있었다. 이런 사실은 그 아이를 당혹스럽고 수치스럽게 만들었다. 그러면서 아이의 행동은 점점 나빠지기 시작했다.

크레이그는 스포츠를 잘했고, 운동장에서는 주도적인 역할을 했다. '유급'을 당할 거라는 소식이 아이의 간담을 서늘하게 했다. 크레이그는 거부하며 울었다. '유급'이라는 단어가 언급되자 소리 지르며 욕을 해댔다. 크레이그는 유급이 되면 한 학년 낮은 아이들과 잘 어울릴 수 없을 것 같았다. 또 아이들에게 놀림을 당할 것이 뻔하다고 생각했다.

결국 학년이 끝나갈 무렵 크레이그 가족은 다른 마을로 이사를 가기로 결정했다. 크레이그는 전학 가고 싶어하지 않았지만, 새로 전학 갈 학교 아이들은 자신이 유급 당한 사실을 아무도 알지 못한다는 사실을 깨달았다. 부모와 선생님들도 비밀을 지켜주기로 약속했다. 이 사실을 안 크레이그는 편한 마음으로 전학 갔다. 이 사건은 동년배가 주는 압박이 얼마나 강한지를 설명해준다.

아이가 입학할 시기가 되었는데 아이의 언어구사 능력이 뒤떨어진다고 생각되면, 전문가나 언어치료사와 상담하여 방법을 모색해야 한다.

무엇보다 아이가 저학년 때 학교에서 내주는 숙제에 많은 신경을 써야 한다. 가령 '집에서 큰 소리로 책 읽어오기' 라는 숙제가 있을 때 그것을 손쉽게 해내도록 지도해야 한다. 저학년에서 경험한 위축과 고통은 학년이 올라갈수록 기피현상을 유발한다.

아이가 학교생활을 잘하도록 하려면, 마음속으로 주위 상황을 예측할 수 있는 기회를 주는 책을 선택하는 것이 가장 좋다. 이런

종류의 책을 선택해서 읽어줄 때 아이가 글과 단어를 즉각적으로 인식하는 일은 별로 중요하지 않다. 어린아이들이 보는 책의 문장은 즐거움과 재미만을 포함하고 있을 뿐이다. 또 이런 글은 읽기도 매우 쉽다. 이 이야기를 좀더 자세히 하겠다.

아이가 책 읽는 소리 들어주기

당신이 마지막으로 책을 큰 소리로 읽은 때가 언제였는가? 만일 당신이 선생님이나 직업적으로 이야기를 해주는 사람이라면 아마도 최근에 이런 경험이 있었을 것이다. 그러나 많은 사람들이 큰 소리로 책을 읽지 않는다. 당신이 앞으로도 계속 큰 소리로 책을 읽지 않는다 해도 당신의 삶은 피폐해지지 않을 것이다. 큰 소리로 책을 읽는 것이 우리의 삶에 큰 영향을 미치지는 않는다. 이것은 쓸모 있기는 하나 필수적이지는 않다. 그러나 조용히 속으로도 책을 읽지 않는 당신은 박제된 것과 같은 상태이다.

만일 당신의 아이가 저녁 먹으라는 소리에도 책에 몰두하여 듣지 못하는 모습을 보게 되면, 당신은 최종적인 목표를 달성한 셈이다. 우리는 아이가 학급 친구들에게 큰 소리로 책을 읽어줄 수 있기를 희망한다. 하지만 아이에게 그런 능력이 없다 해도 잠이 오지 않을 정도로 걱정할 필요는 없다.

학급 친구들 앞에서 큰 소리로 읽는 능력은, 나중에 중요한 자

리에서 발표를 하거나 지역 보호단체를 이끌 수 있는 귀중한 기술
이 될 수 있고 보고서를 발표할 수 있는 능력을 갖게 해주기도 한
다. 그렇다고 사람들 앞에서 발표할 수 있는 능력이 아이들 스스
로 책을 읽을 수 있는 것만큼 중요하지는 않다.

　여유로운 마음으로 침대에 누워 책을 읽는다. 재능 있는 작가가
당신의 머릿속에 창조한 상상의 세계에서(조금은 현실과 동떨어진)
울고, 웃고, 경탄하며 그곳을 방황하는 일은 그야말로 환상적이
다. 책장을 넘길 때마다 모르는 단어를 알아내려는 노력과 그 단
어를 정확하게 발음하려는 노력은 어찌 보면 괴로움일 수도 있다.

　그렇다면, 우리는 왜 그렇게 아이들에게 큰 소리로 책을 읽으라
고 요구하는가?

전문가들은 모든 부모에게 저녁시간마다 아이들이 큰 소리로 책을 읽는 것을 귀 기울여 들으라고 부탁한다. 아이들의 진도를 테스트할 수 있는 기본 방법이기 때문이다. 책을 큰 소리로 읽는 것은 아이가 이야기에 나오는 등장인물과 함께 작가가 말하려고 하는 최종 목표를 찾도록 해주는 연장이다. 절대로 조용히 책을 읽도록 허락하지 마라. 큰 소리로 책을 읽는 것이 기본이다.

웅얼거림은 매우 중요하다

아이들은 만 2세 때부터 스스로 읽을 수 있다. 아이에게 그림책을 보여주면 책 읽는 조짐을 알아차릴 수 있다. 아이들은 단순히 그림책을 넘기면서 내면으로 이야기를 만들어내며 가끔씩 호흡과 함께 소리를 내기도 한다. 당신은 이내 아이가 그림책에 있는 단어가 아닌 자기만의 단어를 사용하고 있다는 사실을 알게 될 것이다. 이런 것들은 지적하지 않는다. 틀렸다고 수정해주는 것은 아이의 즐거움을 망치는 일이다.

한 번은 한 아이의 엄마가 내게 와서 자신의 딸아이가 책장을 넘기면서 글을 읽으려 한다며 "아직은 그저 웅얼거림에 불과해요"라고 말했다. "그렇지 않아요. 그건 아주 중요해요."

웅얼거림은 읽기의 초기 단계이다.

우리는 일반적으로 글자의 소리를 배우거나 개별적인 단어를 인식하면서 아이의 읽기가 시작된다고 알고 있다. 그러나 이 말은 진실과 동떨어진 얘기다. 아기 때 이야기를 자기 마음대로 해석하는 것도 진정한 읽기이다. 이럴 때 아기에게 용기를 북돋아주고 그 말에 호응해주는 것이 중요하다.

절망적인 속삭임

내가 초등학교 5학년 때 큰 소리로 책을 읽었던 수업 장면이 생각난다. 52명이나 되는 반 친구들은 모두 같은 책을 가지고 있었다. 그날도 우리는 '읽기' 수업을 하기 위해 모두 같은 페이지를 펼쳐놓았다.

맨 앞에 앉은 아이가 처음 두 문장을 큰 소리로 읽었다. 그 다음에 앉은 아이가 연결해 읽으면서 그 줄 끝까지 내려왔다. 나는 발음을 잘못 하거나 모르는 단어가 나올까봐 몹시 걱정했던 그때의 감정이 지금도 생생하다. 선생님에 따라 아이들은 이런 저런 방법으로 창피와 훈계를 당하기도 한다. 읽기에 문제가 있는 아이들은 가혹한 감정 장애로 고통받았다.

물론 우리들 대부분은 차례가 왔을 때, 어느 문장을 큰 소리로 읽어야 하는지 알고 있었다.

"이 단어 어떻게 읽어?"

우리는 절망적인 기분으로 서로에게 속삭였다. 전혀 읽지 못하는 불쌍한 아이들은 처벌을 기다리는 죄수처럼 공포의 순간을 기다렸다. 그 아이들은 이 시간이 끝나기를, 어서 종이 울려 자신들이 구조되기를 얼마나 갈망했을까?

어른들 중에도 수줍음을 많이 타서 사람들 앞에 서면 글을 읽기는커녕 말도 제대로 하지 못하는 사람들이 꽤 많다. 그들 중 대부분은 어릴 적 반 아이들 앞에서 글을 읽거나 발표할 때 경험한 창피함 때문에 이런 현상이 생겼을 가능성이 크다.

사랑하는 부모에게 큰 소리로 책을 읽어주는 것은 재미있으면서 두려움에서 벗어날 수 있는 방법이다. 그런데 이런 일이 제대로 행해지지 않으면, 불유쾌한 투쟁과 비위에 거슬리는 일이 발생할 수도 있다. 그렇다고 성급하게 굴 필요도 없고, 실패할 거라고 지레 겁먹을 필요도 없다. 또한 투쟁할 필요도 없다. 아이들이 한숨을 쉬고 초조하게 얼굴을 찌푸리면서 "얼마나 더 읽어야 되요?" 하는 걱정스러운 질문을 해오면 모든 것이 제대로 되고 있지 않다는 표시이다.

소리 내어 책을 읽는 불유쾌한 전투는 집에서나 학교에서 주로 생긴다. 큰 소리로 책을 읽는 데 실패한 결과는 평생 아이를 따라다닐 수 있다. 아이가 책과 관계를 맺는 일을 고통스러워하면 부모 역시 고통을 겪게 된다.

부모는 책과 관계 맺는 경험을 마치 자신들이 즐기고 있는 것처럼 보여야 한다. 아이들은 말로 표현하지 않는 메시지에 매우 민감하다.

주의 깊게 들어라

듣는 행위는 우리가 완전히 발달시키지 못하는 기술이다. 작가인 내 친구 테드 그린우드는 내가 만난 사람들 중 가장 훌륭한 경청자이다. 사람들은 그 친구를 사랑한다. 그 이유는 친구가 그들의 눈을 바라보고, 그들이 말하는 단어를 모두 놓치지 않고 듣기 때문이다. 그들은 테드가 질문과 의견을 친절하게 말해준 것에 대해 고마워한다. 말하는 사람이 누구든지 간에 테드는 애정을 가지고 그들의 생각과 주장을 집중해서 듣는다.

그는 결코 이야기를 들으며 쓸데없이 표류하지 않는다. 지루함으로 눈이 게슴츠레해지지도 않는다.

잘못된 방식

애야, 아빠 딕터폰에 네가 읽는 것을 녹음해주지 않겠니? 그러면 아빠가 내일 일하는 도중에 들을 테니까.

아주 잘 듣는 사람

능력 있는 치료사는 스스로 듣는 방법을 가르친다. 우리는 모두 듣기 기술을 개발시키기 위해 노력할 수 있다. 특히 우리 아이들에게 중요하다.

아이들이 읽는 내용을 주의 깊게 듣는 것은 매우 중요하다. 책을 읽으며 이야기를 말해주고 있는 아이는 당신에게 사랑을 표현하고 있다. 이런 아이에게 관심과 주의를 기울이지 않는 당신은 아이의 사랑을 거절하고 있는 셈이다. 우리가 겪는 고통스런 경험 중에서 가장 힘든 것은 바로 사랑의 거절이다.

우리 모두는 때때로 눈을 감고 산다. 부모도 사람일 뿐이다. 어릴 적 나도 엄마에게 상처를 받고 오랫동안 마음속에 새겨둔 사건이 있었다. 열한 살 때였는데, 그날 나는 멜버른 모터 쇼를 구경하

고 집에 들어왔다. 손에는 자동차 팸플릿을 잔뜩 쥐고 있었다. 자동차에 정신이 팔려 있던 나는 잔뜩 흥분한 채 요리하느라 바쁜 엄마에게 팸플릿을 대충 훑어보며 다양한 자동차의 세부사항에 대해 열심히 설명했다. 잠시 후 아버지는 엄마가 바쁠 때는 귀찮게 하지 말 것을 내게 가르치라고 당부했다는 말씀을 하셨다. 나는 정말로 상처를 받았다. 오랜 세월이 흐른 뒤에도 그날의 서운했던 기억이 잊혀지지 않는다.

물론 엄마가 잘못한 일은 아무것도 없다. 아무리 부모라도 아이들이 말하는 것을 모두 들어줄 수는 없다. 그러나 아이들은 지루해하거나 관심이 부족한 것을 금세 인식하고, 그것을 처벌의 한 형태로 여긴다. 엄마는 나중에라도 자동차 팸플릿에 뭐라고 나와 있느냐고 내게 물어주셨어야 했다.

　이런 경우는 책과 고의적인 관계를 맺어주어 읽기에 흥미를 느끼게 하는 아주 좋은 기회이다. 자동차 팸플릿, 경마 책, 장난감 카탈로그는 아이들이 다른 읽기 책을 거부할 때에도 여전히 열심히 탐독되는 책이다.

　당신이 씻고 있거나 텔레비전 뉴스를 보고 있는 상태에서 아이의 책 읽는 소리를 들어서는 안 된다. 아이와 조금이라도 즐기기 위해서는 당신 스스로 자세를 가다듬어야 한다. 온화하고 안전하면서 조용한 장소를 찾는 것이다.

6

의미를 이해하며 책 읽기

속도 내어 읽기

요점정리

- 읽기를 성공시키려면 서서히 부드럽게 진행시킨다.

- 문맥을 이용하는 몇 가지 단순한 방법

- 책은 글자 뜻대로 읽는다.

- 좋은 글은 거의 인식되지 않는다.

- 의미는 가장 큰 단서이다.

- 속도를 내어 책을 읽는다. 단어의 의미를 잘못 알
  더라도 상관없다.

- 발견 학습은 평생 동안 지속된다.

- 아이가 큰 소리로 책을 읽을 때는 귀 기울여 들어
  준다.

학교 다닐 때 나는 문장 이해도 시험에서 20점 만점에 9점을 받은 적이 있다. 이것을 46년이 지난 지금까지 기억한다. 내 친구 켈빈은 20점 만점을 받았다.

"대단해, 너 정말 잘했구나."

내가 말했다.

시험 본 구절은 내가 읽지 않은 책에서 발췌한 것으로, 배를 타고 다니는 사람들에 관한 내용이었다. 나는 그들이 있는 곳이 어디이며, 그들이 무엇을 하고 있었는지 알 수 없었다. 정말로 좌절감을 느꼈다. 제시하여준 세 단락의 내용 안에는 질문에 적당히 대답할 수 있는 정보가 충분치 않았다. 그러나 내 친구는 아주 쉽게 답을 했다.

"콘티키호 탐험기에서 발췌한 글이야. 그 책에서 시험에 나온 문장을 읽은 기억이 나."

켈빈은 우쭐해하면서 말했다. 나는 굴욕감을 느꼈고 이 사건을 3년 동안이나 마음에 두고 있었다. T. 헤이어달이 쓴 이 작품은 뗏목을 타고 태평양을 건너는 이야기다. 켈빈은 등장인물의 이름 하나하나와 내용 전체를 상세히 기억하고 있었다.

문맥 파악하기

문맥은 우리가 책을 읽을 때 상당히 유용한 정보로, 이야기가 앞으로 어떻게 전개될지 예측하는 데 도움을 준다. 또한 주제가 무엇인지 이해하는 것과, 새로 나온 단어와 용법을 이해하는 데도 도움이 된다.

아이들이 책 읽는 소리를 들을 때 당신은 문맥을 파악해서 아이가 더 잘 읽도록 지도할 수 있다. 문맥을 잘 파악할 수 있는 간단한 방법을 몇 가지 소개하겠다.

당신이 아이에게 읽어준 책을 다시 아이가 읽게 하는 방법은 어떤가? 아주 좋은 방법이다. 아이는 이미 이야기를 알고 있기 때문에 재미가 줄어들 거라고 생각할 수도 있지만 모든 아이들은 자기가 좋아하는 이야기를 몇 번씩 읽으며, 그 즐거움은 반복해서 읽을수록 증가되기도 한다. 이미 들은 이야기를 읽게 하는 것이 새로운 책을 읽고 제대로 이해하지 못하는 것보다 훨씬 낫다.

『3마리 염소 이야기 The Three Billy Goats Gruff』와 같이 널리 알려진 이야기를 선택한다면, 아이들은 앞으로 전개될 내용을 이미 알고 있다. 이런 방법이 아이들이 모르는 단어를 이해하는 데 훨씬 수월하다. 아이들은 특별히 가르쳐주지 않았는데도 이 이야기를 읽으면서 무척 즐거워할 것이다.

동요의 가장 큰 장점 중 하나는 아주 빨리 머릿속에 남는다는 것이다. 가령 '오뚜기는 벽에 앉아 있네 Humpty Dumpty sat on a wall'를 들으면 다음에 연결될 노래를 할 수 있다. 이런 것이 진정한 읽기이며 가장 쉬운 길이다. 책은 문자 그대로 읽는다.

책을 쉽게 읽는 또 다른 방법은, 제즈 앨버로우의 『우체통에 무언가 있어요 There' s Something at the Letter Box』라는 작품에서 찾을 수 있다. 이 작품에는 페이지마다 비슷한 형식과 단어가 나온다. 바로 커다란 눈이 우체통 안을 엿보고 있는 장면이다.

"아빠, 우체통 안에 무언가 있어요. 무엇일까요?"
"용기를 내, 빌리보이. 가서 안을 들여다봐."

페이지를 넘겨보면 그 눈의 정체가 악어라는 사실을 알 수 있다.

"아빠, 악어예요. 어떻게 하죠?"
"악어에게 물어봐, 빌리보이. 너와 놀아줄 수도 있으니까."

이와 같은 패턴으로 악어 대신 호랑이와 곰이 나오면서 반복된다. 마지막 페이지를 보면 엿보는 눈이 결국 아빠였음이 드러난다. 아빠는 타잔처럼 옷을 입고 있다. 이런 재미나는 이야기는 운, 그림, 반복을 이용해서 한 번이나 두 번 정도 접하고 나면 어떤 아이라도 그것을 혼자 읽을 수 있게 된다.

나는 아이에게 새로운 책을 읽어달라고 하기 전에, 그 책의 처음 몇 페이지는 내가 먼저 큰 소리로 읽어준다. 이 방법은 상당히

효과 있다. 이렇게 하면 우선 어려운 단어와 등장인물의 이름을
정리해주게 된다.

필립파, 사이오브한, 미스터 빌링헤이머와 같은 사람 이름은 읽
기에 어렵다. 오스트레일리아, 워남불, 브라이톤과 같은 장소도
마찬가지다. 당신이 이런 단어들을 발음하는 것을 아이가 듣는다
면 이 단어를 읽을 때 아이는 힘겨워하지 않을 것이다.

이런 전략을 세우면 아이가 책 읽는 즐거움을 망치지 않아도 된
다. 처음 몇 페이지를 읽어줌으로써 자연스럽게 가르칠 수 있는
것이다. 페이지를 넘길 때마다 다양하게 응용한다. 당신이 먼저
읽은 다음, 아이에게 읽게 하는 방식으로 말이다.

문맥을 파악하기 위한 또 다른 방법은, 아이들이 좋아하는 주제
에 관한 책을 선택하는 것이다. 오토바이 경주에 푹 빠져 있는 아이
는 캬뷰레터나 실린더 헤드 같은 용어와 개념을 알게 된다. 말에 마
음을 빼앗긴 아이는 팔로미노와 페이트락이란 말에 대해 배우게
된다.

아이가 개별 단어를 익히느라 애쓰다가 그 구절의 의미를 놓치
는 경우가 많다. 이야기 속 단어는 자전거 체인에 있는 고리와 같
다. 단어를 개별적으로 취급하면 이야기의 막연한 즐거움과 주제
를 놓치게 된다. 그렇게 되면 자전거는 더 이상 나아가지 않는다.
체인에 연결된 고리는 아이들에게 특별히 재미나거나 유익하지
않다. 단어가 전체 이야기의 일부가 될 때 아이들은 더 큰 즐거움
을 만끽한다.

이야기는 여행이다. 어딘가에서 시작해서 어딘가로 간다. 이야기는 흥미진진하며 우습기도 하고 무섭기도 하고 신비스럽기도 하고 슬프기도 하다. 아이들이 개별 단어를 이해하는 데 너무 오랜 시간을 소비하면 모든 재미를 잃게 된다. 도보 여행자가 대여섯 걸음마다 멈추어서 주위 풍경에 집중하면 그 사람은 곧 여행을 포기하게 되는 경우와 같다.

아주 완전하게 읽는 것보다 전반적으로 내용을 파악하는 독서가 더 큰 즐거움을 가져다준다. 그러나 이런 내 주장은 논쟁을 불러일으키기도 한다.

단어를 정확히 파악하기보다 의미를 파악한다

내 동료는 이런 나의 의견에 반대했다. 대학 사무실에서 글을 쓰고 있는데, 별안간 과학강사가 성난 표정으로 들어오더니 의자에 쿵하고 앉았다. 언어교육과정을 강의하던 나는 교육과 학생들에게 초등학생이 배워야 할 읽기, 철자, 구술 교육을 가르쳤다.

"폴, 학생들이 그러는데, 아이들이 큰 소리로 책을 읽을 때 모르는 단어가 나오면 추측해서 이해해도 된다고 했다면서요?"

그는 잔뜩 화가 난 목소리로 말했다.

"간단하긴 하지만 기본적으로는 그래요."

"의미만 비슷하면 괜찮다는 뜻인가요?"

"네."

"말도 안 돼요. 그럼, 다리를 디자인하고, 보잉 제트기를 건설하고, 환자를 위한 처방전을 필기해도 된다는 말인가요?"

"하지만 아이들은 다리를 디자인하지 않고, 제트기를 건설하지 않고, 처방전을 필기하지 않습니다."

"언젠가는 그럴 겁니다. 선생님은 아이들에게 처음부터 평생 지속될지도 모를 나쁜 습관을 들이도록 가르치고 계신 겁니다. 이건 수치스러운 일입니다. 세 살 버릇이 여든까지 간다는 속담도 모르십니까? 거의 충분하다는 것은 충분치 않다는 뜻입니다."

"하지만 내용을 정확하게 읽는 것은 고도의 기술이지요. 그것은 나중에 가르쳐도 돼요. 초기 단계에 아이들은 일반적인 의미와 즐거움을 갖고 책을 읽을 필요가 있어요. 단지 단어를 알기 위한 읽기가 아니라고요."

이러한 논쟁은 거의 한 시간이나 지속되었고, 마침내 그는 교수단에게 이 문제를 제기하기로 약속을 받고 나서야 물러났다. 그는

조리법에 나온 단어를
도저히 이해할 수 없어서
그냥 건너뛰고 마무리했어요.

수학과가 자신의 주장을 지지해주리라고 확신했다.

당신도 추측하다시피 이 논쟁은 몇몇 서클에서도 뜨거운 감자였다. 그러나 요즘 선생님들은 대부분 아이들이 실수할 때마다 끼어들어 고쳐주지 않고 아이들 스스로 글의 요점을 파악하도록 허용하고 있다.

단어를 정확하게 파악하기 위한 것보다 의미를 파악하며 읽어야 한다는 주장은 내가 처음이 아니다. 나도 그랬으면 좋겠다. 유명한 언어학자 프랭크 스미스와 캔네스 굿맨을 포함한 많은 사람들이 1970년대 초에 이 개념을 전개했다. 당시는 안타깝게도 나를 포함한 많은 선생님이 아이들에게 큰 소리로 책을 읽히면서 그들이 모르는 단어가 나와 쩔쩔매면 불쌍한 아이들을 멈추게 했다. 우리의 이런 행동이 아이들을 얼마나 좌절시키고 역효과를 냈는지 깨닫게 되는 데는 얼마간의 시간이 걸렸다.

그렇다면, 문제는 무엇일까?

먼저 읽기에는 여러 가지 유형이 있다는 점을 인정하자. 비디오 채널을 조정할 때 우리는 설명서에 있는 개별 단어를 읽으면서 다른 때보다 무척 신중하다. 어른들은 책을 읽을 때 단어, 단락, 심지어 페이지까지 대충 건너뛰며 읽는다. 당신이 소설을 읽는데 거기에 나오는 모든 단어에 집중하도록 요구한다면 얼마나 괴롭고 시간낭비일지 상상해보라.

내 책에서는 아이들이 책을 읽을 때 그 어떤 요구도 하지 않는 것이 규칙이다. 가끔씩 나는 이야기가 끝나고 맨 마지막에 이해도를 측정하는 질문을 실은 원고를 청탁받기도 하지만 그때마다 거절해왔다. 세상에 소녀가 신은 신발 색깔이 무엇인지, 소년이 몇 번이나 자신을 할퀴었는지 누가 관심을 갖겠는가? 책의 맨 마지막에 있는 질문들은 다음에 무슨 일이 일어났는지 알고 싶어서 열심히 이야기에 질주하는 모든 즐거움을 빼앗아간다.

속도를 내어 읽다가 단어를 잘못 이해해도 상관없다. 어른들도 늘 이런 실수를 한다.

물론 어떤 단어를 읽지 못해도 그 단어가 의미하는 것을 대충 이해할 수 있다. 예를 들어 나도 Sioux(수우족, 북미 인디언의 한 종족-옮긴이)가 Sue(수우)로 발음된다는 사실을 나중에야 깨달았다.

Horse doover또한 잘 알려진 예다. 다른 사람들처럼 나도 몇 년 동안 이 단어의 발음인 hors d' oeuvers(호스 데오루버스, 서양식 식사에서 정해진 식사 메뉴 코스에 앞서 식욕을 돋우기 위해 대접하는 음식-옮긴이)가 orderve(오르되브르)로 발음되는 사실을 깨닫지 못했다. 중요한 것은 내용을 아는 것이다. 발음은 결국 누군가 도와주게 되어 있다.

아이들은 의미를 알려고 글을 읽는다

아이가 이야기를 읽다가 모르는 단어가 나왔다. 그래서 그와 비슷한 의미의 단어를 썼다면 정말로 아이가 실수한 걸까?

다음 문장을 고려해 보자.

소년은 _____1_____ 를 올라가서 ____2____ 을 꽉 잡았다.

1에 들어갈 단어는 무엇일까? 사다리, 벽, 탑, 바위 등이 올 수 있을 것이다. 소년이 무엇을 올라갔는지 정확하게 말하는 것은 불가능하다. 2에 들어갈 단어가 잎사귀라면 당신은 아마도 1에 들어갈 단어로 나무를 선택할 것이다. 또 1에 들어갈 단어의 첫 자가 b로 시작된다면 당신은 소년이 branch(나뭇가지)를 올라갔다고 추측할 것이다. 그러나 사실 그곳에 들어갈 말은 birch(자작나무)이다.

Birch(버취)는 아이들이 읽기 어려워하는 단어이다. 그래서 아이들은 곧잘 branch(브랜치)라고 실수하여 읽는다. 마술 도둑 이야기를 읽고 있는데 도둑이 birch나 branch에 올라간 것이 문제가 될까? 그냥 아이가 branch로 읽게 내버려두는 편이 더 나을 수 있다. 아이는 대략적으로 의미를 파악했다. 아마도 아이는 첫 글자가 b라는 사실에서 단서를 얻었을 것이다. Branch는 아주 좋은 추측이다. 아이들은 의미를 알려고 글을 읽는다.

만약 중간에 멈추게 하여 발음 교정을 해준다면 아이는 예외 규정도 배워야 할 것이다. 책을 읽다가 멈춰서 발음 교정을 받는 것은 아이에게 상당한 좌절감을 주며 유쾌하지 않은 일이다. 이런 일은 일어나지 말아야 한다.

이런 경우는 아이가 의미를 파악하기 위해 전후 문맥을 이용하게 하는 것이 글자 하나 하나를 제대로 읽는 것보다 더 유익하다. 추측한 branch는 현명한 접근이다. birch를 한자씩 발음하다가 아마도 비-리-치와 같은, 말도 안 되는 단어를 창조해낼 가능성도 크다.

'잘못'이라는 단어가 아이들을 더 잘못 이끌 수 있다. 언어학자 캔네스 굿맨은 아이들이 단어의 뜻을 알아내려는 시도를 '실수'라는 용어로 쓰자고 제안했다. 굿맨은 아이들이 저지른 실수를 부모가 유용한 지침서로 이용하기를 원했다. 부모들은 굿맨의 에러 분석 기술에 대해 걱정할 필요가 없다. 이 기술은 모르는 단어를 알아내기 위해 아이들이 사용하는 단서를 관찰한 방법이다. 그러나 일반적인 원리도 적용하기 쉽다. 여기에 '부정확한' 대답을 해석하는 방법을 보여주겠다.

"I use soap to wash my face. 나는 비누를 사용해 얼굴을 씻는다."

'I use soap to watch my face' 라고 읽은 아이는 의미를 모르고 읽었다. 아이는 wash(워시)로 발음나는 단어를 watch(워치)로 읽었다. 아이의 실수는 우리에게 모르는 단어를 알아내기 위한 단서로 발음을 사용하고 있다는 사실을 말해준다.

'I use soap to clean my face. 나는 비누를 사용해 얼굴을 깨끗이 한다' 라고 읽은 아이가 있다면, 이것은 더 좋은 응답이다.

'wash' 대신 'clean'을 선택한 아이는 기본적으로 의미를 잘 파악하여 추측한 것이므로 더 나은 응답이라고 볼 수 있다.

첫번째 아이는 단어의 소리를 기초로 해서 추측했다. 그 아이에게 이렇게 물어볼 수 있다. "이게 말이 되니?" 두번째 아이에게는 "clean이 w로 시작하니?"라고 물어볼 수 있다.

하지만 나같으면 두번째 아이가 한 표현에는 아무 말 하지 않고 그냥 내버려두겠다.

아이는 의미를 알고 읽었고, 흐름을 방해해서 그순간을 망치고 싶지 않으므로 아이의 실수를 못본 체하는 편이 낫다고 생각한다. 아이가 읽는 도중에 너무 자주 끼어들면 즐거운 읽기는 고문으로 변할 가능성이 높다.

책을 읽다 모르는 단어가 나왔을 때 의미는 가장 큰 단서가 된다. 아이에게 추측하지 말라고 말한다면, 당신 스스로도 책을 읽을 때 이용하는 기술을 아이에게서 빼앗는 셈이 된다.

낙타도 날 수 있다

나는 이야기를 쓸 때 종종 어려운 단어를 집어넣는다. 이는 아이들이 가능한 한 최대한으로 추측해볼 기회를 갖게 하고, 그 의미가 무엇일지 알아보도록 하기 위해서다. 내 책 『텅 타이어드 Tongue-Tied』에서 발췌한 구절을 한 번 생각해보자. 신비스러운 안경으로 죽은 형을 볼 수 있는 소년에 대한 이야기다. 그러나 형은 소년을 볼 수 없다. 소년은 갑자기 감정이 격해진다.

> 뗑그렁. 안경 렌즈 하나가 튕겨져 나오더니, 다른 렌즈마저 빠져 나왔다. 뗑그렁. 철제 안경테가 텅 비었다. 내가 저지른 일이다. 나는 바닥에 떨어져 있는 안경 렌즈 두 개를 노려보았다. 그런 다음 재빨리 하나를 상자 안으로 던져버렸다. 그 렌즈는 희미하게 반짝이더니 상자 안으로 사라졌다.
> 나는 남은 렌즈를 한쪽 눈 안경테에 밀어 넣고, 다른 쪽 눈을 감았다. 한쪽 눈만 보이는 안경이 되었다. 외알 안경이다.
> 그래도 잘 보였다. 나는 왼쪽 눈으로 가빈을 볼 수 있었다. 가빈은 렌즈를 오른쪽 안경테에 끼고 있었다. 그 역시 나를 볼 수 있었다.
> "안녕." 가빈이 건방진 목소리로 말했다.

이 글을 썼을 때 나는 고민 끝에 '외알 안경'이란 단어를 집어넣었다. 대부분의 어린아이들에게 이 단어는 익숙하지 않다. 그러나 이 단어는 문장이 진행되는 과정에서 꽤 명확한 의미를 보여주고 있다. 읽기 쉽도록 짧은 문장으로 만든 것도 주목하길 바란다. 이런 글은 또 다른 내 규칙이기도 하다. 나는 늘 대화 한 마디씩에도 새로운 단락을 사용한다. 이것은 아이들이 어느 등장인물이 말하고 있는지를 알게 하는 데 매우 중요하다.

책을 쉽게 만들기 위해 이런 방법을 쓰고 있는 나는 사람들로부터 비난을 받기도 했다. 일부 사람들은 책을 접하기 쉽게 하려고 내용을 수정한다면 '올바른 문학이 아니다'라고 말한다. 얼마나 말도 안 되는 소리인가. 나는 수많은 방법을 알고 있고, 일부러 그 방법을 사용한다. 아이들은 읽기를 배운다. 갓 태어난 아기에게 구운 고기를 줄 수는 없다. 그리고 열 살짜리 아이에게 톨스토이 작품을 읽으라고 줄 수도 없다. 어쨌든 좋은 글이 직유, 은유, 수식어 등으로 가득 찰 필요는 없다. 어니스트 헤밍웨이는 이 사실을 알고 있었다. 노인들이 읽을 만한 멋진 글을 원한다면 『노인과 바다』를 추천하고 싶다.

내 책 『언맨션어블Unmentionable』에는 「리틀 스퀄트Little Squirt」라는 이야기가 있다. 형처럼 멀리 오줌을 눌 수 없는 어린 소년에 관한 재미있는 이야기다. 이 이야기는 아주 읽기 쉽다.

같은 책에 「하모니카The Mouth Organ」라는 이야기가 있다. 이 이야기는 다소 복잡하고 시적이다. 『하모니카』는 고급 잡지에 소개되었는데, 기사에 매혹적인 하모니카 음악의 효과를 사람들이 은유적으로 상기시키는 구절을 발췌하여 인용하기도 했다.

나는 아이들이 내용을 이해하는 데 어려움을 느낄지도 모를 은유를 되도록 피한다. 예를 들면 '운명이라는 차가운 손이 내 목을 조여왔다' 와 같은 은유는 아이들에게 차가운 손이 어디에서 왔는지 궁금하게 한다. 몇 가지 이유로 나는 하모니카에 관한 그 이야기에 빠져들었다. 하지만 지금은 그 일을 후회하고 있다. 「하모니카」를 쓸 때 나는 독자를 잊고 내 마음대로 했던 것 같다.

이 이야기를 마음에 들어한 한 평론가는 일부를 인용하기도 했다.

나는 그들이 빛나는 대양을 항해하게 한다. 나는 그들이 구름을 뚫고 날아가게 한다. 나는 그들에게 바다 밑을 보여주고, 가장 높은 산꼭대기도 보여준다. 너무도 신선한 공기에 딸랑 소리가 나는 장소들. 나는 그들이 폭포수에서 샤워를 하게 한다. 나는 그들을 팔에 안고 흔들어준다.

이것은 이 세상의 탄생 소리다. 이것은 꽃이 피어나는 소리다. 이것은 아기의 뺨에 떨어지는 엄마의 눈물이다. 이것은 망아지가 내딛는 첫 발자국이다. 이것은 새로운 인생에 대한 약속이다.

나는 너무나 많은 직유와 은유를 사용한 것에 대해 몇 년 동안 가책을 느꼈다. 처음으로 유일하게 아이들이 아닌 어른을 즐겁게 해준 것이다. 지금 내가 가장 가치 없게 생각하는 이 작품을 평론가는 가장 좋아했다. 어른들의 취향대로 선택한 책을 아이들에게 읽으라고 너무 쉽게 강요하는 모습은 안타까운 일이다.

나는 〈라운드 더 트위스트 Round the Twist〉(호주 어린이 드라마 코미디 시리즈—옮긴이)라는 프로그램에서 부탁을 받아『리틀 스쿼트 Little Squirt』를 대본으로 써준 일이 있다. 그런데 이것이 선망의 대상인 아동 부문 국제 프리 지네스 상을 수상했다. 나는 이 이야기에 대해 아이들에게서 수백 통이 넘는 편지를 받았다. 의심할 여지없이 이 작품은 내 가장 인기 있는 책이 되었다.「하모니카」에 관한 편지는 한 장도 받지 못했다.

숙어는 어른들도 곤란에 처하게 할 수 있다. 예전에 참석했던 한 디너파티에서 나는 어린 여자아이 두 명이 엄마의 말에 약간 놀라는 모습을 볼 수 있었다. 그 아이들의 엄마는 단순히 "요즘 나는 올빼미가 된 것 같아요."라고 말했지만 두 소녀는 이 말뜻을 이해하지 못했다. 그들에게 올빼미는 새일 뿐 다른 의미는 없었던 것이다.

우리 어른들은 종종 알기 쉬운 것보다 어려운 것, 명확한 것보다 복잡한 것을 더 좋아하는 경향이 있다. 좋은 글은 난해하지 않다. 좋은 글은 난해한 문장으로 관심 끌지 않는다. 좋은 글은 아이들이 이야기 속으로 빠져들게 하면서도 거의 눈에 띄지 않는다.

아이들은 이야기가 무슨 내용인지 알고 싶어한다. 그들은 의미를 파악하기 위해 최선을 다해 내용을 읽는다. 열한 살 때 나는 『비글즈 Biggles』를 읽었다. 주인공이 알렉산드리아에서 카이로까지 낙타를 타고 1시간 만에 갔다는 내용에서 나는 이런 생각을 했다.

'맙소사, 이렇게 빠른 낙타가 있다니.' 이런 여행은 불가능하다고 생각했으므로 조금 약이 올랐다. 이 책은 공상소설이 아니다. 『피터팬』 같은 공상소설은 이런 여행이 가능했겠지만, 이 책은 그렇지 않다. 그런데 이 책이 피터팬과 같은 유형이 된 셈이다. 피터팬은 이 세상을 날아다닌다. 물도 마시지 않고 나이도 먹지 않는다. 그러나 이 책의 주인공은 진짜 사람이지 마술사가 아니다. 낙타를 타고 한 시간 만에 그 거리를 여행할 수 없다.

마침내 나는 그 이유를 알게 되었다. 대문자 C로 시작하는 Camel은 제1차 세계대전 때 사용한 비행기 이름이었던 것이다.

단서를 보고 의미를 파악하도록 한다. "이 문장이 이해되니?"라는 질문이 "이해했어?"라는 명령보다 더 유익하다는 사실을 알게 된다. 아이가 이야기의 의미를 모두 놓쳐버리면 그 책은 아이에게 너무 어려운 것이다. 또 모르는 단어가 너무 자주 나와 아이를 좌절시키는 책도 마찬가지다. 계속 읽히지 말고, 다른 책을 읽히도록 해야 한다. 책을 읽는 첫번째 목적은 즐거움이다. 그리고 두번째 목적은 의미 파악이다. 이런 사실을 잊어버린다면 책 읽기는 허상으로 끝나고 만다. 이런 방식으로는 모든 것을 얻을 수 없다.

추측은 좋은 일이다

나는 추측은 좋은 일이라고 앞에서 이미 말했다. 그러나 아이들은 전혀 '추측'하지 않는다. 만일 아이들이 어려운 단어를 의미가 비슷한 다른 단어처럼 부정확하게 읽는다면, 그것은 보통 추측이라고 말할 수 없다. 우리는 아이들이 어딘가에서 들은 단어로 추측했다고 생각하려 한다. 그러나 아이들은 추측보다는 추론을 더 잘한다. 다음 문장을 보자.

The monkey climbed up the waterfall.
(원숭이는 폭포로 올라갔다.)

아이들은 이 문장에서 waterfall(폭포)이 무엇인지 모른다. 그렇다면 아이들이 다음과 같이 추측할 수도 있다.

The monkey climbed up the was.

이 문장은 당연히 옳지 않다. 아이들은 우리가 아직도 완전히 이해하지 못할 정도로 놀랄 만한 능력을 지니고 있으며, 문장의 어순을 정확히 알고 있다. 명사, 동사, 형용사 등에 대해 들어본 적도 없지만, 그들은 본능적으로 다음에 무엇이 이어질지를 알고 있다. 배우지 않았어도 단어를 배열하는 순서를 알고 있는 것이다. 아이들은 was가 다음에 나올 수 없다는 것도 알고 있다.

또한 이 문장이 말이 되지 않는다는 사실도 알고 있다. waterfall 대신에 wall(벽)이라고 할 가능성도 많다. waterfall 대신에 wall을 써도 말이 되기 때문이다. 이런 경우 아이는 비슷한 글자로 시작하는 단어를 선택한다.

대체로 아이들은 자기들이 단어를 부정확하게 읽을 때는 단어를 추측하지 않는다. 그들은 대체할 수 있음직한 단어를 사용할 뿐이며, 모르는 단어 가까이 접근할 뿐이다. waterfall 대신 was로 읽은 아이는 첫번째 글자 소리를 따서 만든 것일 뿐, 의미나 문법적인 면을 이용하지는 않았다.

이는 아이가 읽는 소리를 듣는 어른들에게는 아주 유용한 정보이다. 아이는 의미를 파악하며 읽는 것이 아니다. 이것은 읽는다고 볼 수 없다. 읽기는 단어를 발음하는 것이 아니다. 어릴 적 나도 대부분의 단어를 발음할 수 있었지만, 그것이 무엇을 의미하는지 잘 알지 못했다.

당신의 아이가 나이에 상관없이 읽고 있는 책을 이해하지 못한다면 읽는 것이 아니다. 그러니 포기하게 해야 한다. 좀더 쉬운 책을 찾아서 아이가 흥미를 느낄 수 있게 하는 것이 중요하다.

당신이 아이의 책 읽기를 들을 때 굉장한 차이점을 만들 수 있는 몇 가지 테크닉이 있다. 이것은 매우 간단하고 쉬운 방법이다. 전세계 사람들 수천 명의 경험과 조사를 기초로 하고 있으므로 진실성이 있고 믿을 만하다.

어려운 단어는 넘어간다

아이가 책을 읽을 때 부모가 겪는 어려움 중 대부분은 어려운 단어들과 관련이 있다. 아이가 모르는 단어를 물어왔을 때 당신의 대답은 아주 중요하다. 하나의 예로 4장에서 사용한 'Crustacean(갑각류)'라는 단어를 보자.

스테판이라는 소년이 다음에 나오는 문장을 읽으려고 하지만 어려운 단어 'crustacean'에서 막혀버렸다.

The old man was trying to catch the crustacean. (노인은 갑각류를 잡으려고 애쓰고 있었다.)

다음 페이지에 있는 그림은, 노인이 해변에 있는 웅덩이에서 crab(게)을 잡으려고 애쓰는 그림이다. 스테판은 crab이라고 대답할 수도 있다. crustacean이라는 단어와 crab이 같은 cr로 시작하기 때문이다. 스테판은 단어의 첫 자와 그림을 보고 추측했을 것이다. 선생님이 스테판에게 그렇게 하도록 시킨 것일 수도 있고, 혹은 아이가 본능적으로 단어를 발음할 수 있는 자신의 능력을 이용했는지도 모른다. 그러나 아이는 crustacean이라는 단어의 마지막을 읽을 수 없었을 것이다.

crab이라고 대답한 스테판은 잘 대답했고 문장의 의미도 살렸다. 비록 맞지는 않았지만 세밀한 센스를 보여준 것이다. 이때 부모는 뭐라고 대답해야 할까? 여기에 가능한 대답은 수없이 많다. 부모는 모두 이런 상황에서 아이들을 정정시켜주려고 한다. 여기

서는 다양한 요소를 균형 있게 맞추는 것이 관건이다. 가장 중요한 문제는 아이가 즐기는 것이다. 고통이 따르는 방법은 어떤 것이라도 잘못된 방법이다.

1. 틀린 부분은 무시한다

우리는 아이들이 틀린 게 아니라 실수한 것이라는 점을 명심해야 한다. Crab은 의미에 바탕을 둔 좋은 시도였다. crustacean 대신 crab을 써도 말이 된다. 내가 이 이야기를 쓴다면 나는 어린 독자들을 위해서 crustacean이라는 단어 대신 crab을 쓸 것이다. 당신이 이런 접근을 허용한다면 아이들은 의미를 거의 놓치지 않고 책을 읽을 수 있다.

만약 crustacean이라는 단어가 계속해서 되풀이된다면, 당신은 그 단어가 정말로 무슨 뜻인지 아이에게 알려주고 싶을지도 모른다. 당신의 이런 결정은 균형을 이루어야 한다. 그 단어가 나올 때마다 정정해줄 것인가? 교정 받는 일은 유쾌한 일이 아니다. 이처럼 미묘한 차이는 그냥 내버려둔다. 하지만 모르는 단어가 너무 많은 책은 아이의 수준에 맞지 않는 것이니 아이가 막히지 않고 읽을 수 있는 다른 책을 선택해준다.

2. 아이가 주저하면 그 단어가 무엇을 뜻하는지 말해준다

아이가 의미도 모르고 제대로 읽을 줄도 모르는 단어와 싸우도록 내버려두는 것보다 알려주는 편이 훨씬 낫다. 위의 그림은 일곱 살 아이들을 겨냥한 것이지만, crustacean란 단어를 다루기에 이 아이들은 너무 어리다는 사실을 보여준다.

3. 아이가 그림을 보면서 단서를 찾을 수 있도록 도와준다

이것은 아주 좋은 전략이다. 그림은 단어를 이해하는 데 도움을 준다. 일부 책들은 그림을 바로 뒷장에 넣어서 아이가 '추측'할 수 있는 기회를 주기도 한다. 우리는 아이들의 경험을 가능하면 쉽게 해줄 필요가 있다. 내가 애송이 선생이었을 때는 아이들에게 책장을 넘기자마자 손으로 그림을 가리도록 했다. 그리고 잘 읽을 줄 모르는 아이는 단어를 읽을 때까지 그림을 볼 수 없게 했다. 지금의 나는 단어를 읽기 전에 그림을 먼저 보도록 한다. 이런 방법이 성공할 확률이 훨씬 높다.

4. 아이가 모르는 단어는 건너뛰면서 읽으라고 제안한다

관심을 가지고 지켜본다면 이것은 유용한 방법이다. 어른들도 잘 모르는 단어가 나오면 보통 다음 문맥에서 의미를 알아내곤 한다. 너무 정확하게 하려 들지 말고 즐기는 것이다. 아이들은 어려운 단어를 우물우물 중얼거리며 읽는다. 그러나 뒤의 내용을 읽다 보면 내용을 이해하게 된다.

노인이 갑각류(crustacean)를 잡으려고 애쓰고 있었다.
그러나 노인은 게(crab)가 자신을 물을까봐 두려워했다.

모르는 단어를 반복하여 읽다보면 누구에게 듣지 않아도 의미는 자연히 명확해진다.

5. 당신이 먼저 책을 훑어본 다음 어려운 단어를 아이에게 설명해준다

이 방법은 재미있게만 가르치면 꽤 유용하다. 책 읽는 시간은 늘 즐거운 시간이어야 한다는 점을 명심하길 바란다. 유쾌하지 않은 일이 아니다.

먼저 수준에 맞는 책을 선택하여 읽기 시간을 정해놓는다. 그러면 아이는 어려운 단어의 대부분을 이해할 좋은 기회를 갖게 될 것이다. 4장 도입 부분의 게를 짓밟은 소년 이야기로 돌아가보자.

나는 수중 과학 지식이 아직 없을지도 모르는 어린 독자들을 위해서 갑각류라는 단어를 사용했다.

이런 종류의 전략은 배우지 않고도 배울 수 있다는 것을 의미한다. 선생님들은 모두 평생 발견학습이 계속된다는 사실을 알고 있다. 학습은 종종 가을에 낙엽이 굴러떨어지는 것처럼 기억에서 떨어져나간다.

7

개인적인 글쓰기

미래의 베스트셀러작가를 꿈꾸다

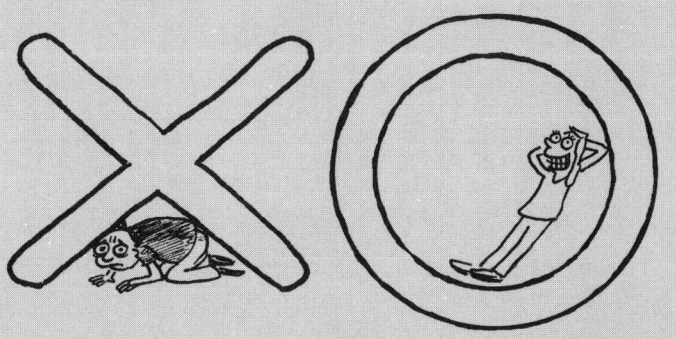

요점정리

- 글쓰기는 읽기를 가르치는 가장 좋은 선생이다.

- 멋진 글쓰기 방법

- 철자는 선택일 뿐이다.

- 휴대폰 문자 메시지를 활용한다.

- 답안지 채점에는 동그라미를 더 많이 준다.

- 보고, 가리고, 쓰고, 체크하는 테스트

- 철자가 틀려도 과감하게 넘어간다.

나의 첫 책 『언리얼』이 출간되었을 때 나는 너무 자랑스러워서 몇 주간이나 책을 가지고 다녔다. 나는 슬그머니 책을 들여다보면서 스스로에게 자랑스럽게 말하곤 했다.

"내가 쓴 거야."

이 책은 엄청난 노력의 결과였다. 나는 주말이면 시간 내어 글을 썼다. 글이 완성되자 여러 출판사에 원고를 보냈고 한곳에서 이 책을 내기로 결정했다. 그런 다음 원고는 다시 고쳐 쓰여지고 편집하는 과정을 통해 마침내 세상으로 나왔다. 나는 아주 많은 시간을 이야기를 수집하는 데 몰두했고, 제대로 된 책이 나올지 걱정되어 죽을 것만 같았다. 때문에 책이 출판되는 과정을 보는 즐거움을 많은 부분 놓치고 말았다.

모든 작가가 원하는 것

자신의 첫 책을 마음에 들어하는 작가는 거의 없을 것이다. 하지만 나는 신간서적 견본을 받았을 때 받은 감동을 아직도 간직하고 있다. 책은 그동안 고생한 것에 대한 보상이며, 내 개인적인 노력에 대한 명백한 증거이다.

예전에도 여러 편의 이야기를 썼지만 출판하지 않아서인지 시간낭비라는 느낌과 실망만 들었을 뿐 전혀 감동이 없었다. 나는 내 작품이 여러 사람에게 읽히기를 원한다. 다른 작가도 나와 마찬가지일 것이다.

아이들도 그렇다. 이처럼 단순한 명제를 기억한다면, 우리는 아이들에게 개인적인 글을 쓰도록 할 수 있다. 아이들도 펜을 잡는 것을 좋아한다. 아이는 글을 쓰면서 읽기도 하기 때문이다. 개인적인 글을 쓰는 것은 읽기를 가르치는 가장 좋은 방법이다.

학교에서 가르치는 글쓰기는 대부분 어른 작가들과 같은 과정을 밟도록 한다. 이런 방식은 보통 아이디어를 생각해서 글을 구

선생님은 그런 것들을 실수라고 부르지만 저는 그것들을 '창조적인 표현'이라고 불러요.

성하고, 선생님이나 친구들과 토론하고, 초고를 작성하고, 편집하고, 삽화를 넣고, 마지막으로 페이퍼백이나 제본 형태로 책을 내게 된다.

구식 선생님들은 아이들에게 '휴일'과 같은 주제로 글을 써오도록 숙제를 내준다. 아이들이 글을 써서 선생님께 제출하면 선생님은 글을 교정해준다. 이것이 전부다. 당연히 아이들은 이런 글쓰기를 싫어한다. 이런 글쓰기는 달지 않은 케이크를 먹는 것과 같다.

이제는 아이들의 글쓰기에도 목적이나 즐거움, 정당성이 있어야 한다는 사실을 깨달아야 한다. 아이들이 이런 창조적인 행위에 참여하면 읽기와 쓰기 실력은 상당히 좋아지고, 그렇게 되면 아이들 스스로 글쓰기를 즐기게 된다.

아이들은 자신이 직접 쓴 글을 읽을 때 철자가 틀린 단어도 그대로 읽는다. 그렇다고 이것이 글의 가치를 줄어들게 하지는 않는다. 아이들이 완성한 작품이 무언가에 이용되거나 목적을 가지고 있을 때, 대체로 아이들은 틀린 철자를 교정받는 것을 행복해한다. 아이들이 쓴 긴 글을 부모가 타이프 쳐주면서 잘못 쓴 철자를 교정해줄 수도 있다.

아마도 대부분의 부모들은 학교에 자기 아이의 책을 남기고 싶어할 것이다. 그러나 글쓰기에 자신이 없는 몇몇 아이들은 학교가 아닌 집에서 부모의 도움을 받아 책을 만들길 원하기도 한다. 이렇게 만든 책은 꼭 소설이 아니어도 된다. 많은 아이들이 우주탐험이나 파도타기 등과 같은 주제에는 전문가적인 실력을 갖추고 있고, 이런 주제들에 대한 묘사, 설명, 정보를 제공하는 글쓰기를 즐긴다. 또한 자기 자신에 대한 글을 쓰는 것도 좋아한다. 10대 소녀가 쓴 『안나 프랑크의 일기』는 가장 강력한 힘을 지닌 책 중의 하나이다. 로빈 클레인이 쓴 『페니 폴라드의 일기』는 인생에서 재미난 순간을 기록하고자 하는 거대한 자극이다.

다양한 글쓰기 방법

귀중하고 즐거움이 가득하지만 별로 노력하지 않고 매일 글을 쓰는 방법은 여러 가지 있다. 일상생활과 관련된 글은 공부처럼 생각되지 않는다. 우리는 아이들에게 이렇게 멋진 일들을 글로 쓸 수 있는 기회를 만들어주어야 한다. 그러면 아이들은 전체적으로 특이한 가치를 배우는 경험을 하게 될 것이다. 여기에 내가 좋아하는 방법 몇 가지를 소개하겠다.

1. 일기나 저널

대부분의 아이들이 학교 숙제 때문에 일기를 쓴다. 아이들은 생일 초대, 친구들 이름, 스포츠 행사, 휴일, 흥분되는 사건 등의 목록을 작성하는 것을 즐기며, 지난 일이나 그 주에 있던 일을 기록하기를 좋아한다. 이것은 미래에 과거를 되돌아볼 수 있게 한다. 나는 아이들에게 자신이 쓴 일기를 타임캡슐에 넣어 20년 후에 열어보도록 권장하고 싶다. 그 속에 친구들 사진, 기차표, 증명서,

그 해를 기억할 만한 것 등을 함께 넣어서 말이다.

많은 아이들이 일기 쓰기를 좋아한다. 수업하거나 공부한다는 부담감이 없기 때문이다. 한편 일부 아이들은 저널을 좋아하기도 한다. 저널은 기억할 만한 일을 기록한 책이다. 중요한 경험과 감정적인 반응을 기록한 저널은 상당히 인기 있다. 자물쇠를 채운 예쁜 일기장이나 인기 작가, 스포츠 선수, 연예인 등이 쓴 일기가 수록된 책을 아이들에게 선물하는 것도 좋은 방법이다.

2. 편지

아이들은 편지 쓰는 것을 즐긴다. 특히 할머니 할아버지 같은 분들에게. 아이들에게 답장을 보내주면 오랫동안 편지를 주고받을 수 있다. 내 손자 중 한 아이는 아홉 살인데, 옆집에 사는 할머니께 편지를 보냈다. 옆집 노인은 이것을 기쁜 마음으로 받아들이며 어린 손자와 편지를 주고받고 있다. 편지 교환에서 얻을 수 있는 중요한 이점은 아마도 따뜻한 마음의 접촉일 것이다. 또한 편지는 읽기를 장려하는 가장 좋은 수단이 되기도 한다.

3. 요리책

아이가 좋아하는 조리법을 옮겨 적도록 한다. 이 조리법을 보고 아이가 직접 요리하도록 하는 것은 좋은 방법이다. 아이들은 요리하면서 써놓은 조리법 연습장을 잘 간직하면서, 자주 그것을 들여다볼 것이다.

4. 휴일 지도와 계획

아이들은 휴일을 좋아한다. 아이에게 여행 장소를 선택할 기회를 주는 것이다. 좋아하는 음식이 있는 휴게소의 위치를 찾는 것도 흥미 있는 일이다. 아이는 여행지의 지도를 그릴 수 있고, 여행이 시작되었을 때 운전자에게 방향을 알려줄 수도 있다. 이런 경험은 그들의 일기나 저널에 남겨질 수 있다.

5. 가계도

사람은 살아가면서 가족관계를 맺기를 원한다. 부모님, 할머니 할아버지, 사촌들, 그 외 친척 등의 가계를 작성하는 것은 의미 있으면서 재미난 활동이다. 여기에 생일, 제삿날, 직업 등이 추가될 수 있다. 가계도는 재미있는 행사들과 일화 등을 포함해서 더욱 넓힐 수 있다. 조상의 묘를 방문하는 것은 교훈이 되는 일이지 슬픈 경험은 아니다. 묘비를 읽는 것도 읽기이다.

6. 수집

아이들은 수집을 좋아한다. 수집하는 품목이 무엇이든 상관없다. 인형일 수도 있고, 자동차 모델, 동전, 책, 토큰, 스포츠 선수의 서명이나 사진 등을 모을 수도 있다. 이런 열정적인 수집은 목록을 작성하고, 차트도 만들고, 모으고 싶은 목록들을 작성하게 만든다. 그렇게 되면 덤으로 읽기 활동도 하게 된다.

7. 부모

크리스마스 때 아이가 원하는 선물을 목록으로 작성하도록 한다. 그리고 다른 사람에게 주는 선물에 자신의 마음을 표현하는 간단한 메시지를 적도록 한다.

8. 텔레비전

텔레비전을 보고 싶어하는 아이에게 자신이 좋아하는 프로그램과 시간 목록을 만들도록 한다. 그런 다음 아이와 협상하는 것이다.

우리 부모님은 내가 프로그램의 철자를 말할 수 있으면 그 프로를 볼 수 있게 해줘. 그래서 나는 '누가 누가 잘하나'는 보는데 'VJ특공대'는 못 봐.

9. 쇼핑 목록

먼저 당신이 구입할 물건 목록을 적은 다음, 아이에게 필요한 것을 직접 적어 넣도록 한다. 틀린 글자가 있으면 수정하면 된다. 슈퍼마켓에 가서는 필요한 물건을 아이에게 직접 찾도록 시킨다.

아이는 이 일을 재미있어할 것이다. 물론 동시에 읽기 연습도 할
수 있다.

10. 계획표

매일 계획표를 작성해서 냉장고에 붙여놓는다. 만약 당신이 1년
간의 계획표를 갖고 있다면 그 속에 아이의 관심사도 함께 넣는다.

11. 벼룩신문

무언가를 팔고 싶은가? 아니면 무언가를 사고 싶은가? 광고 문
안 작성하는 것을 아이에게 돕도록 한다.

12. 규칙

모든 가족과 사회는 자신을 통제할 규칙이 필요하다. 이런 규칙
은 일반적일 수도 있고, 자동차를 타고 여행할 때 특정한 날 누가

앞좌석에 앉으며 차 안에서 싸우면 안 되는 등 차 안에서 어떻게 행동해야 하는지, 휴일에 누가 컴퓨터를 사용하는지와 같은 세부 상황일 수도 있다. 이런 규칙들을 아이와 상의하고 이것을 아이에게 적도록 한다. 이때 아이에게 부모가 지켜야 할 규칙을 포함시킬 수 있도록 해준다.

13. 파티 목록

만약 당신이 생일파티 계획을 세우는 중이라면 모든 일을 혼자서 처리하지 말고, 아이에게 초대할 손님 명단을 작성하도록 시킨다. 그리고 주소를 알려주면서 초대장을 쓰게 한다. 게임을 준비하고 파티에서 할 계획을 적는 것을 돕게 할 수도 있다. 메뉴와 좋아하는 음식을 기록하고, 손님이 앉을 장소에 미리 이름을 적어놓는 것도 좋은 방법이다.

14. 개인 사진 앨범

사진은 많은 활동을 반영하며 의미 있는 날을 남길 수 있는 좋은 표시이다. 아이들은 마음에 드는 사진을 선택해서 가족 신문에 붙이고, 제목을 지어 이야기를 적어 넣을 수 있다. 생일, 휴일, 재미나는 사건 등과 같은 특별한 행사는 특히 사진과 관련 있다.

15. 추억

"내 어릴 적 이야기 좀 해주세요, 엄마." "아빠, 아빠는 어렸을 때 어땠어요?"

아이들은 가족의 재미나고 특이한 옛날이야기를 좋아한다. 모든 가족에게 도움을 줄 수 있는 책자를 만드는 것도 재미있고 유익한 놀이다. 전화기 옆에 펜과 노트를 비치해놓고 재미난 얘기들을 그때그때 기록하는 것이다.

16. 이메일과 문자 메시지

이메일과 문자 메시지도 있다. 글쓰기와 의사소통하는 데 이 방법은 아주 효과적이다. 개인적인 글쓰기는 일이라고 볼 수 없다. 이것은 일상의 삶에서 즐겁고 귀중한 역할을 하기 때문이다. 개인적으로 글쓰는 일은 측정할 수 없는 가치를 지니고 있다. 당신의 아이는 이 사실을 인식하지도 못한 채 배우게 될 것이다.

철자의 변화

내가 교육대학 강사였을 때 전국 교원 노동조합에서는 자동차에 붙이는 다음과 같은 광고 스티커를 작성했다.

IF YOU CAN READ THIS THANK A PRIMARY SCHOOL TEACHER.(만일 당신이 이 글을 읽을 수 있다면 초등학교 선생님에게 감사하라.)

우리 교직원의 재치는 그녀만의 독특한 연출을 만들어냈다. 하지만 그녀는 내가 차에 이 스티커를 붙이고 다니지 않을 거라고 확신했다. 그녀 말이 옳았다. 광고 스티커는 재미있었지만 나는 철자가 틀린 메시지로 학생과 선생님들을 방문할 마음이 전혀 없었다.

IF YOU CAN REED THIS THANK A PRIMARY SCHOOL TEECHER.

사람들은 철자가 중요하다고 생각한다. 오래전 글쓰기에서 뛰어난 한 여학생이 있었다. 그녀는 에세이 원고 모집에 응모했지만 1등을 하지 못했다. 첫 줄부터 오자를 냈던 것이다. 그 학생은 심하게 상처받았고, 20년이 지난 지금까지도 그때 일을 떠올리면서 여전히 괴로워한다. 그 여학생은 지금의 내 아내다. 결혼한 지 18년이 지났고, 그 시간을 나와 함께 지내오면서 아내는 그 당시 내가 얼마나 깐깐하게 굴었는지 잊지 않고 있다.

우리는 내가 그녀의 불만을 잠재우려 그녀와 결혼했다고 농담했지만, 어찌 보면 내 아내의 생각이 옳다. 철자는 단지 우리가 틀리면 안 되는 것이라고 생각하기 때문에 중요할 뿐이다. 사고가 철자보다 훨씬 더 중요하다. 셰익스피어 시대만 해도 철자는 선택이었다. 당시에는 한 단어를 같은 페이지에 서로 다르게 쓰는 경우도 있었다. 독자들이 그 단어를 인식하기만 한다면 아무 문제가 되지 않았다.

그러나 오늘날 우리는 선택의 여지가 없다. 불행히도 정확성이 반드시 필요해졌다. 만약 당신이 제출한 이력서에 철자 틀린 단어가 있다면 당신은 채용되지 못할 것이다.

이런 견해로 본다면, 최근에 휴대폰의 발전은 철자의 변화가 오고 있음을 암시하는지도 모른다. 문자 메시지를 사용하는 사람들은 KISS(keep it simple stupid)와 OOL(out of luck) 같은 단어를 자주 사용한다. 나도 얼마 전에 for 대신에 숫자 4를, you 대신에 U를 사용한 편지를 받은 적이 있다. 이런 상상력을 발휘한 약칭은 아주 널리 받아들여지고 있다.

사무실에서 사용하는 이메일 또한 철자에 영향을 미친다. 매일 답장해주어야 하는 이메일을 수백 통씩 받는 사람들도 있다. 철자를 잘못 쓴 것은 대체적으로 편지 쓴 사람이 바쁘게 키보드 자판

긍정적으로 생각하라

음…네가 쓴 글이 셰익스피어와 같은
자질이 있구나…

내가 후일에
무어를 했나

을 치다가 생긴 실수이기 때문에 별 문제 없이 그냥 넘어간다. 나는 처음에 다른 사람의 잘못을 바로잡아주도록 훈련받은 편집자들이 보낸 이메일에서도 수없이 많은 오자를 보고는 깜짝 놀랐다.

만약 이런 변화에서 철자를 선택해서 쓸 수 있는 결과가 초래된다면 나는 아무런 불평도 하지 않을 것이다. 그러나 지금 대부분의 직업에서는 정확한 철자를 요구한다.

철자는 평생 노력하여 익히는 것

당신은 아이들이 정확한 철자법을 배우는 것이 얼마나 어려운

지 알고 있다. 철자를 정확하게 배우기 위해서는 평생 노력해야 한다. 솔직히 말해 나 역시 철자를 정확하게 쓰는 사람이 못된다. 다행히도 나는 내 작품을 교정해주는 만족스러운 편집자가 있다. 물론 컴퓨터 철자 체크기도 좋은 안내자이긴 하지만 완벽하진 않다.

이 책은 읽기에 관한 책이지 철자에 관한 책은 아니다. 읽기와 철자는 별개의 것이며 서로 다른 기술이다. 아마도 내 다음 책이 철자에 관한 책이 될 것이다. 그러나 일반적으로 당신에게 도움을 줄 정보 몇 가지를 소개하겠다.

모든 것을 긍정적으로 생각한다. 예전에 내 아이가 학교에서 쓴 글을 집으로 가지고 왔었다. 그런데 빨간색 X표가 한 페이지에 32

개나 표시되어 있었다. 나는 선생님을 방문해서 정중하게 동그라미 표시는 없고 X만 표시되어 있더라고 말했다. "우리는 단지 틀린 것만 표시합니다." 선생님이 말했다.

아이가 잘못된 것만 모두 표시되어 있고, 칭찬하는 동그라미 표시는 아무것도 없는 것을 받았을 때 느꼈을 감정이 어떨지를 한번 상상해보라.

지금까지 나는 책을 30권이나 썼고, 수십 년간 글을 썼는데도 여전히 편집자의 조언이 필요하다. 나는 내 글 여백에 수백 개나 되는 빨간 볼펜으로 교정해놓은 것을 보면서 투덜거린다. 그것이 쓸데없다는 사실은 알지만 작가도 칭찬이 필요하다. 내 편집자는 항상 이렇게 말을 시작한다. "정말 끔찍한 이야기군요, 폴. 특히 나는……"

나도 그녀가 내 잘못을 지적해주기 원하고 필요하다고 생각하지만, 사실 그녀가 내 글에 대해 어떻게 생각하는지에 훨씬 더 관심이 많다. 나는 그녀가 내 이야기가 별로 좋지 않다고 말할 때가 가장 싫다. 이야기가 환상적이라는 말을 듣고 싶을 뿐이다.

나처럼 경험이 많은 작가라도 이런 것을 강화할 필요가 있다면 아이들은 얼마나 더 많이 필요할지 한번 상상해보라.

아이들이 쓴 글에 대해 나쁜 말보다 좋은 말을 더 많이 해주는 것을 늘 명심해야 한다. X표 보다는 동그라미 표시를 더 많이 써주고, 아이가 쓴 글에 크게 만족하며 응답해야 한다. 그리고 최대한 부드럽게 철자법을 가르친다.

144

당신의 아이가 예습할 단어 목록을 집으로 가져오면 재미있게 가르쳐준다. 처음에 보여주고, 가리고, 쓰고, 검사하는 방법은 선생님들이 주로 하는 가장 대중적인 방법이다. 정확한 단어를 적어 아이에게 보여준 다음 단어를 가린다. 아이에게 그 단어를 써보도록 한다. 맞았는지 체크하고 틀렸다면 다시 되풀이한다.

아이들에게 사전이나 그림을 이용하게 하는 것도 좋은 방법이다. 사전과 그림은 아이가 올바른 철자를 찾는 데 도움을 줄 수 있다. 개인 사전을 만드는 것도 좋은 생각이다.

내가 개인적으로 좋아하는 또 다른 방법은 아이에게 어른 작가와 같은 과정을 경험하게 하는 것이다. 초고를 쓰게 하되, 철자에 대해서는 신경 쓰지 않는다. 아이가 글을 완성하는 것은 멋진 일이다. 가령 "굉장히 큰 공룡이 높은 곳에 움크리고 앉아 있다"며 맞춤법을 틀리게 쓴 아이가 "고양이가 매트 위에 앉았다"고 쓴 아이보다 훨씬 더 발전한 것이다. 아이가 초고를 끝냈을 때 당신은

이렇게 말할 수 있다.

"네가 맞춤법이 틀렸다고 생각하는 단어에 모두 동그라미를 그려보지 않겠니?"

아이와 함께 철자를 교정하는 것도 재미있는 놀이가 될 수 있다. 무엇을 하든지 간에 당신은 황금 규칙을 기억해야 한다. 무엇보다 재미있게 하는 것이 중요하고, 아이가 성공했는지, 실패와 고통을 경험하지 않았는지 확인하는 것이 중요하다.

8

눈으로 볼 수 있는 능력

그림은 모든 것을 말해준다

 요점정리

• 만화에는 고유의 목소리가 있다.

• 말로 표현하지 않는 언어도 큰 즐거움을 줄 수 있다.

• 아이들은 그림 읽는 것을 좋아한다.

• 일러스트레이터는 이야기의 일부를 표현한다.

• 글이 없어도 독자들은 감동받을 수 있다.

• 아이들은 언제나 의사를 남자로 그린다.

• 그림은 우리의 삶에 커다란 영향을 미친다.

일러스트레이터가 하는 일이 단순히 책에 있는 대상이나 사건을 그리는 것만은 아니다. 그들은 늘 자신의 의견을 만들어간다. 이 장 처음에 그려놓은 만화를 한번 보자. 이 장을 유머 있게 소개하고 있는 만화는 내 생각을 명확하게 해준다. 이 그림은 자체의 목소리를 지닌다. 나는 출판사에게 이런 일을 할 수 있는 화가를 찾아달라고 부탁했다. 내가 쓴 글에 단순히 삽화를 넣는 것보다, 시각적인 평을 넣으면 이 책이 훨씬 좋아질 것이라고 생각했다.

그림 읽기

글이 아닌 상징 읽기를 배우는 것은 학식 있는 사람이 되는 중요한 부분이다. 이 일에 아주 월등한 사람들도 있다. 이런 능력은 배워야 하는 기술로 그림이 있는 책과 관련이 많다.

이 세상은 상징으로 가득 차 있고, 아이들은 아주 어릴 적부터 이런 상징들을 인식하기 시작한다. McDonald's(맥도널드)의 대문자 M은 탁월한 마케팅 상징이다. 세 살 정도 된 아이들도 M자가 알파벳 글자라는 사실을 깨닫기 전부터 음식을 의미한다는 사실을 알고 있다. 자동차를 타고 가다가 아이들은 맥도널드의 노란색 M자를 가리키며 사달라고 조른다.

또 우리가 잘 알고 있는 빨간 동그라미 안에 사선으로 줄을 근 표시는 금지를 나타내는 것으로 금연, 강아지 출입 금지 등을 표시한다. 이런 상징을 현명하게 이용한 한 광고회사의 통찰력 있는 홍보담당자는, 동그라미 안에 유령을 그려 넣고 사선을 그렸다. 모든 아이들은 즉시 이 표시를 영화 고스트바스터와 연관시켰다.

얼마나 멋진 마케팅인가. 광고회사도 시각 판단 능력을 이해하고 있는 것이다. 또한 모든 훌륭한 선생님도 마찬가지다. 말로 표현하지 않는 언어를 해석하는 것은 읽기를 배우는 것의 일부이다. 읽기는 책에서 뿐만 아니라 우리 주변에서도 배운다. 이것은 매우 큰 즐거움이 될 수 있다.

유명한 모리스 샌닥은 『괴물들이 사는 나라 Where the Wild Things Are』라는 유명한 그림책에 맥스 이야기를 썼고, 직접 그림도 그렸다.

맥스는 침실에 있다가 괴물들이 살고 있는 섬을 방문한다. 그곳에서 맥스는 거대한 모험을 하며 오랫동안 머물게 된다. 엄마의 사랑이 그리워진 맥스는 마침내 집으로 돌아온다. 우리는 맥스가 얼마 동안 그곳에 있었는지 궁금해진다. 단지 꿈이었을까, 몇 시간 정도 지난 것일까, 아니면 며칠이 지난 것일까? 그 모험이 정말로 일어난 것일까?

지금 맥스의 침실 창문 밖으로 보이는 달은 보름달이지만 전에는 그렇지 않았다. 그러니 며칠이 지난 셈이다. 아이들은 이런 종류의 분석을 좋아하고 책에 나온 그림을 아주 잘 파악할 수 있다. 모리스 샌닥처럼 재주가 많지 않은 작가들은 대부분 그림을 잘 그리지 못한다. 나 역시 재능이 없어서 늘 일러스트레이터의 도움이 필요하다. 일러스트레이터와 나는 함께 그림책을 쓴다. 일러스트레이터는 이야기의 일부를 쓰고 있다. 이것이 그림책을 라디오에서 읽어줄 수 없는 이유이다.

『어부와 디피스프레이 The Fisherman and the Theefyspray』에서 제인 탠너는 그림으로 이야기의 한 부분을 말하고 있다. 이 이야기는 마지막 디피스프레이 물고기에 관한 것이다. 불쌍한 물고기는 멋진 사건이 일어날 때 막 멸종될 위기에 처했다.

아기 디피스프레이가 태어났다. 독자인 우리는 이 아기가 죽지 않기를 간절히 바랐다. 제인은 물표면 위에 그림자를 그렸다. 나중에 깨달았지만 그것은 배였다. 그런 다음 우리는 갈고리에 미끼가 매달려 있는 것을 보았다. 이야기는 더 이상 어떠한 언급도 하지 않았다. 마침내 상당히 드라마틱한 그림 속에서 우리는 아기 물고기가 갈고리에 걸린 것을 보았다. 그 페이지에는 단어가 하나도 없었다. 글도 필요 없었다. 그림이 모든 것을 말해주었다.

제인은 내 이야기에 어울리는 그림을 그리기 위해 자신의 그림을 수없이 수정했다. 나도 제인이 요청하면 내용을 변경했다. 제인이 '그는 디피스프레이를 도로 던져주었다'라는 부분을 읽고 그 페이지에 그림을 넣으려고 시도하다가 내게 전화를 해서 마구 화를 낸 일이 생생히 기억난다.

"폴, 물고기도 사람과 같아요. '그는 디피스프레이를 도로 놓아주었다'로 바꿔주세요." 나는 그렇게 했고, 제인은 근육이 단단한 두 손으로 부드럽게 디피스프레이를 물속에 놓아주는 멋진 그림을 그렸다.

이런 내 경험으로 보아 대부분의 화가들은 작가에게 간단한 삽화 개요를 듣고 싶어하지도 않는다. 비록 제인과 나는 어부의 위협적인 장면을 보여줄 그림이 필요하다고 토론하긴 했지만, 제인은 그 이상 어떠한 간섭도 원하지 않았다. "이건 이제 내 작품이에요, 폴. 내게 맡겨주어야 해요."

영화감독도 이와 비슷하다. 그들은 어디에 카메라를 놓아야 하

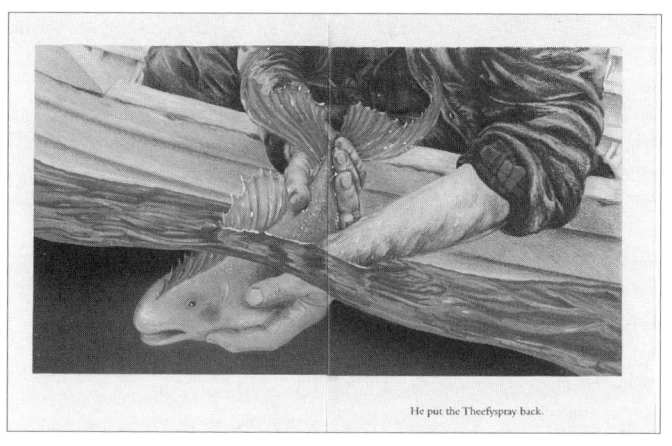

He put the Theefyspray back.

느지 듣고 싶어하지 않는다. 텔레비전 프로그램 〈라운드 더 트위스트 Round the Twist〉의 첫 원고를 썼을 때 나는 카메라 앵글, 팬(카메라 좌우 회전), 줌(영상의 급격한 확대 축소) 등에 대해 읽었다. 나는 잘난 체하며 원고에다 용어에 대한 질문을 퍼붓다시피 적어 보냈다. 감독은 그 원고에 간결한 메모를 해서 돌려보냈다.

"당신은 이야기를 책임지고, 촬영은 내게 맡기세요." 이 시리즈 26편의 원고를 쓰는 내내 나는 다시는 카메라에 대해 언급하지 않았다.

텔레비전 프로그램과 그림책 사이에는 재미난 유사성이 있다. 초기 원고에서 나는 한 아이의 대사를 이렇게 썼다. "저 오래된 바다의 가슴팍이 해안으로 씻겨가는 것 좀 봐." 편집자는 이 대사 전체에 X표시를 한 채 되돌려보냈다. 대신 그는 대사를 한 단어 "봐"로 대치했다. 그림이 있는 책도 종종 같은 방식으로 작용한다.

그러나 삽화와 단어가 결합하여 독자들이 내용을 잘 이해하도록 하는 것은 결국 작가에게 달려 있다. 출판사 사장은 내게 처음으로 책을 읽는 아이들을 위한 네 권짜리 독서 입문 이야기책을 써달라고 부탁했다. 공룡이 개로 대체되는 세상에 관한 이 책은 라스칼이라는 작은 떠돌이 공룡 이야기다. 이 이야기에서는 그림이 이야기의 많은 부분을 차지하기 때문에 나는 화가 밥 리아가 참고하라고 삽화 개요 설명을 덧붙였다.

나는 그림의 중요 부분이 페이지 사이에 있는 도랑으로 빠지지 않도록 요청했다. 두 페이지에 걸쳐 있는 그림에 이런 점은 아주 중요하다. 그래야 사랑스러운 예술작품이 손상되지 않는다.

내용과 그림의 조화

나는 수많은 일러스트레이터와 함께 일해왔다. 그들은 모두 엄청난 재능과 자신들만의 세계를 지니고 있었다. 그들의 작품에 나온 일부 인물들은 특별한 이야기에 적합할 만큼 내게 호소력을 주었다. 케이스 맥이완은 그의 작품에서 혼란스러운 얼굴 표정과 몸동작을 보여주었다. 피터 고울드솔페는 육감과 신비주의 감각을 아주 멋지게 전달했다. 크레이그 스미스는 가정생활의 기발한 유머를 완벽하게 묘사했다.

제인 탠너는 얼굴을 보이지 않고도 강력한 감정을 전달했다. 제인은 열정적인 사람이고, 삽화도 열정적으로 그린다. 테리 덴톤은

154

심술궂은 유머감각을 표현했다. 테리는 독특한 방식으로 재미를 주었다. 테리처럼 이야기에 자신의 유머를 너무 많이 삽입하는 일러스트레이터를 좋아하지 않는 작가도 일부 있다. 그러나 나는 이런 경우를 좋아한다. 밥 리아는 컴퓨터 기술을 이용해 매우 현대화된 기술을 이용했다. 원근감의 사용이 대단히 훌륭했고, 그가 창조한 공룡 캐릭터는 놀라우리만치 창조적이다.

시각화한 상징들을 해석하기

일부 그림책들은 전혀 글이 없는 것도 있다. 이런 책들은 숙달된 독자와 노력하는 독자 양측에게 모두 소중한 가치가 될 수 있다. 레이몬드 브릭스의 작품 『더 스노우맨 The Snowman』은 삶이 다 되어 녹기 시작하는 눈사람에 대한 훌륭한 삽화 이야기다. 글이 없는 이 이야기를 읽으며 독자들은 눈물을 흘린다. 또 모니

이런 책으로 글씨가 하나도
안 나오는 책 있나요?

크 펠릭스가 쓴 『더 하우스 The House』와 이스트반 반야이가 쓴 『줌 Zoom』도 인기 있는 작품이다.

　글이 없는 그림책은 책 읽기를 꺼리는 독자들에게도 환영받을 수 있다. 이러한 책들은 직접적으로 글을 가르치지는 않지만 효능은 다양하다. 처음 그림책을 접한 아이들은 한 장씩 책장을 넘기기 시작한다. 그러면서 아이들은 이야기에는 구조가 있으며, 이 사건에서 저 사건으로 이동한다는 것을 배우게 된다. 그림책은 비록 글자는 없어도 이야기를 하고 있다. 그림책은 아이들이 예측하고 해석할 수 있도록 도와준다. 그리고 시각 판단 능력을 가르친다. 가장 중요한 것은 아이들이 책과 즐겁게 연관되도록 이끈다는 것이다. 무엇보다 그림책은 재미있다.

　지도 읽기는 시각 판단 능력을 기르는 데 아주 중요하다. 어른

들이 운전할 때 아이들은 지도를 읽어줄 수 있다. 아이에게 지도를 주고 당신에게 방향을 알려주도록 한다. 나디아 휘트레이와 도나 로린스는 사랑스러운 작품 『마이 플레이스 My place』에 지도를 삽입했다.

시각 판단 능력에는 여러 가지 형태가 있다. 예전에 나는 '사람'이나 '돼지' 같은 간단한 단어조차 읽지 못할 정도로 심각한 읽기 장애를 갖고 있는 열 살짜리 소년을 치료한 적이 있다. 어느 날 소년은 평소보다 일찍 치료를 받으러 왔다. 나는 새로 산 디지털시계의 시간을 힘겹게 맞추고 있었다. 도저히 맞출 수 없어 결국 포기해야 하는 시점에 다다랐다. 시계에는 삑 소리가 나는 버튼 4개가 있었지만 시간을 맞추는 것과는 상관없는 것 같았다. 이것을 본 제임스는 아무 말 없이 내 손에서 시계를 빼앗아 날짜와 시간, 알람까지 모두 맞춰놓았다.

이렇게 간단하게 시계를 조작하는 걸 보니 순간 나는 맥이 빠지고 말았다. 비디오나 컴퓨터 게임 같은 것들은 마치 수수께끼 같다. 나는 늘 매뉴얼을 쓴 사람들은 무식하다고 말한다. 그러나 나는 시각 판단 능력의 특별한 형태에 재능이 없다는 사실을 인정해야만 한다. 휴대폰에 번호를 저장하는 방법을 몰라 비서가 대신 해줄 정도니까.

아이들도 그들의 능력에 차이가 난다. 개인차이일 수도 있고 성적 차이일 수도 있다. 남자아이들은 지도를 잘 읽고 공을 잘 던지고, 여자아이들은 그밖의 모든 것을 잘한다는 유명한 말이 있다.

물론 이것은 과장이지만 어느 정도는 맞는 말이기도 하다. 여자아이들이 남자아이보다 읽고 쓰기를 더 잘하는 것도 맞다. 그래서 여자아이보다 더 잘 읽으려고 노력하는 남자아이도 많다. 그러나 여자아이들은 지각적으로 다루는 일에는 별로 능숙하지 못하다.

내 책은 여자아이보다 남자아이들이 더 많이 읽긴 하지만, 편지는 여자아이에게 더 많이 받는다. 이것은 여자아이가 남자아이보다 편지를 더 많이 쓰기 때문이며, 또한 이런 사실은 언어적인 분야에서 일반적으로 여자아이들이 더 우세하고 흥미 있어 한다는 점도 보여준다.

흔히 남자아이들이 읽기 장애를 일으킬 위험이 더 크다. 그들은 남성다움과 읽기 사이의 상관관계에 있어 매우 민감하다. 그들은 얼간이나 책벌레처럼 보이고 싶어하지 않는 것이다. 여자아이들이 책 표지에 남자가 있는 책을 행복하게 사는 반면, 남자아이들은 책 표지에 여자가 있는 책을 사지 않으려고 한다. 이런 점은 특히 시각 판단 능력을 교란시킨다.

우리 사회가 아이들에게 책을 읽는 것은 고상한 일이며, 글을 쓰는 일은 위신을 높이는 활동이라는 생각을 심어준 것은 비판받아 마땅하다. 아이들은 배우, 축구선수, 군인 같은 사람들만을 영웅으로 생각하는 것이 아니라 작가, 댄서, 예술가, 시인을 영웅으로 받아들일 필요가 있다. 이런 점으로 보았을 때 J. K. 롤링(해리포터의 작가—옮긴이)은 작가의 지위를 높인 인물이다.

책에 나오는 그림의 시각적 해석은 우리 문화에서 이러한 성적

편견을 피하는 가장 좋은 방법이다. 내 아내 클레어는 이야기책과 읽기 지도에 관한 책을 몇 권 썼다. 아이들을 가르칠 때 아내는 『Ca-a-r Ca-a-a-a-r』라는 그림책을 이용하여 커다란 효과를 본다. 이 책은 제프 하벨이 쓰고 피터 캔달이 삽화를 그렸다. 겉으로 보기에 단순한 이 이야기는 통제력을 잃은 한 운전자가 농장에서 폭력을 휘두르고 마침내 자신도 다치게 된다는 내용이다.

"'꽥꽥' 의사가 앰뷸런스에서 내리자 오리가 말했다." 아내는 이 내용을 읽어주고 그 페이지에 나온 그림은 보여주지 않았다. 아내는 아이들에게 스스로 생각한 삽화를 그리도록 했다. 아이들은 모두 의사를 사람으로 그렸다. 이런 활동 유형은 가르침과 관계없이 멋진 토론을 이끌어낼 수 있다.

작가와 예술가도 분명 실수를 한다. 나는 지금도 생각만 하면 얼굴을 붉힐 만큼 창피한 일이 있다. 〈라운드 더 트위스트 Round the Twist)의 프로듀서가 내게 미국 텔레비전 방송국 간부를 함께 만나줄 것을 청했다. 그의 방송국에 내 작품을 방영하려고 구상 중이나 한 가지 걸리는 문제가 있다는 것이다. 우리 세 사람은 만나서 아침식사를 했다. 아프리카계 미국인인 간부가 본론을 이야기했다.

"폴, 이 쇼에는 흑인이 나오지 않더군요. 오스트레일리아 원주민도 없고요. 아시아인도, 인디언도, 오스트레일리아에 있는 다른 소규모 부족 출신의 아이들도 아무도 나오지 않더군요."

나는 충격을 받았다. 마치 망치로 한 대 얻어맞은 기분이었다. 어떻게 이런 일이 발생했단 말인가? 물론 배역을 정하는 데 나는 관여하고 있지 않지만 내게도 책임이 있었다. 왜 이점을 알아차리지 못했을까? 더구나 내 가족에도 호주 토착민이 있기 때문에 더욱 곤란한 일이었다. 이 프로그램이 이미 오래전에 만들어지긴 했지만 그것으로 변명이 될 수는 없었다. 프로듀서와 나는 다음 시리즈에서는 이런 일이 없도록 하겠다고 맹세했다.

그림과 내용을 비판적으로 읽는 법을 배운 아이들은 점점 자라면서 그림에서, 책에서, 영화에서 실수와 편견을 알아차릴 능력을 갖게 된다. 그들은 예술가의 훌륭하고 의도적인 메시지를 읽게 되고 단점, 누락된 것, 그리고 속임수까지 인지하게 된다. 아이들은 영화에서 슬쩍 상품 광고를 한다는 음흉한 사실도 알아차린다.

아이들은 영화의 주요 장면이 대부분 유명한 청량음료를 선전한 거대한 포스터 앞에서 일어나는 것이 우연이 아니라는 사실을 발견한다. 아이들은 비판적인 시청자, 특히 텔레비전에서 정치적, 광고적으로 이용되는 능수능란한 방법을 인식하게 된다.

그림은 우리 삶에 커다란 영향을 미친다. 그림 읽는 법을 배우는 것은 아주 어릴 때부터 시작할 수 있다. 성경책은 '처음 세상이 열리면서 말이 있었다' 라는 문장으로 시작한다. 사람이 그림을 그리기 전부터 말을 했다는 것이 사실인 반면, 사람이 글을 쓰기 오래전부터 동굴 벽에다 그림으로 의사소통을 했다는 것도 사실이다.

시각 판단 능력은 인류의 성장에서 중요한 위치를 차지한다. 요즘도 아이들의 교육에 중요한 부분으로 자리 잡고 있다. 여기에는 부모 중 어느 쪽이 주도적인 역할을 하느냐도 중요하다.

9

책 읽기 싫어하는 내 아이

좋은 책을 잡아라

요점정리

- 당신의 아이가 가장 관심 있어 하는 책을 찾는다.

- 동기가 열쇠이다.

- 태도가 모든 것이다.

- 모든 사람은 웃음을 좋아한다.

- 읽기 쉽고 학식 있어 보이는 책은 어디에 있나?

- 학습장애를 잘 다룬다.

나는 난로 앞에 앉아서 아홉 살 된 아들아이가 책 읽는 소리를 듣고 있었다. 그런데 갑자기 아이는 "이 책 너무 지겨워요." 하고 소리치면서 책을 방 저쪽으로 집어던졌다. 아이의 눈에는 눈물이 그렁그렁 맺혔다.

아이는 책을 싫어했다. 나는 치료 목적으로 그림이 많아 모르는 단어가 나와도 그 뜻을 추측할 수 있는 쉬운 이야기책을 골라주었는데, 그 책이 아들을 지루하게 만들고 굴욕감을 느끼게 했던 것이다.

나는 책을 주워들고 자세히 살펴보았다. 분명 이 책은 십대가 보는 오토바이에 관한 책이다. 아들아이는 오토바이에 관심이 많았고 이것이 내가 책을 선택한 이유였다. 그러나 책에는 아들의 흥미를 끌 만한 요소가 아무것도 없었다. 줄거리도, 긴장감도, 미스터리도, 유머도 없었다. 그저 한 농부를 도와주는 몇몇 아이들을 중심으로 일어나는 작은 사건이 전부였다. 나는 아들에게 부끄럽고 미안해서 무척 당혹스러웠다.

그때 나의 어린 시절이 생각났다. 내 읽기 교재는 『존과 베티』라는 책이었는데, 그때 나는 그들이 왜 그렇게 껑충껑충 뛰기만 하는지 이해하지 못했다. 그들은 왜 우물에 빠지지도 않고, 다리도 부러지지 않을까? 이 책에는 왜 이야기가 없을까?

『존과 베티』는 뒤부터 앞으로도 읽을 수 있는 책이다. 그렇게 읽어도 페이지마다 연결이 되지 않기 때문에 아무 차이도 느낄 수 없다.

아들에게 부끄럽고 미안했던 이 사건은 내가 『언리얼』을 쓰게 된 계기가 되었다. 나는 간단한 문장으로 좋은 이야기를 쓰기 위해 열심히 노력했고 독자들에게 빠른 보답을 하기 위해 놀랄 만한 엔딩을 이끌어내는 단편을 담았다.

나는 유머가 인기의 구성요소라는 사실을 잘 알고 있다. 사람들은 웃음을 좋아한다. 특히 아이들은 더욱 그렇다. 기본적으로 나는 내 책이 읽기에서 3년 정도 느린 열 살에서 열세 살 된 아이들에게 호소력을 줄 수 있기를 원했다.

읽기 장애 아이의 굴욕감 없애기

책 읽기를 싫어하는 아이와 함께 읽는 책은, 책 읽기를 좋아하는 아이에게도 마찬가지로 매력을 끌어야 한다. 그런 책을 읽어야만 책을 잘 읽지 못하는 아이에게 붙어다니는 굴욕감을 없앨 수 있다.

모든 아이들이 내 책을 좋아하는 것은 아니다. 아이들 개개인의 차이를 인정해야 한다. 당신은 당신 아이가 무엇을 좋아하고 무엇을 싫어하는지 잘 알고 있다. 무엇보다 아이들이 관심 가질 만한

책을 찾는 것이 중요하다. 앞에서 이미 언급했듯이 모든 주제로 소설, 비소설, 잡지 기사 등을 쓸 수 있다. 아이들이 좋아하는 것이 축구인지 차인지 컴퓨터인지 네트볼인지 우표인지 서핑인지 아니면 말인지, 동기가 중요하다. 책의 내용이 마음에 든다면 아이들은 그것을 이해하기 위해 노력할 것이다.

어떤 책이 아이들에게 지루하다면 아이들은 금세 흥미를 잃게 된다. 소설책을 읽을 때 나는 30~40페이지 정도 읽고 계속해서 읽어야 할지 말지를 결정한다. 아이들은 아마도 3~4페이지만 읽고 이것을 결정할 것이다. 그때는 아이에게 재미없는 책을 끝까지 읽으라고 강요하지 말고 다른 책을 찾아준다.

읽기를 싫어하는 아이들에게 가장 중요한 문제는 책을 싫어한다는 사실이다. 아이들이 책을 싫어하는 이유는 책 주제가 적당하

지 않아서일 수도 있고, 책 읽기에 실패한 경험이 있기 때문일 수도 있다.

아이들이 책 읽기에 실패하는 경험을 두 가지 유형으로 나눌 수 있다. 첫째는 책의 주제를 이해할 수 없을 때, 즉 개념이 너무 어렵거나 이야기나 내용에 아무 의미가 없을 경우이다. 둘째는 단어 자체를 이해하는 데 너무 많은 시간이 걸려 책 속의 즐거움을 빼앗아가는 경우이다.

책 읽기 싫어하는 아이들을 위해 우리가 해야 할 과제는 실패했다는 아이의 인식을 바꾸어놓는 것이다. 이 일은 그 자체로도 어렵지만 아이가 실제로 자기 나이보다 읽기 능력이 훨씬 더 어릴 때는 상황이 좀더 복잡해진다.

아이의 읽기 능력과 실제 나이 차이가 점점 넓어질수록, 아이가 읽을 수 있고 읽기를 원하는 책을 고르는 것도 점점 어려워진다. 아이는 6학년인데 책을 읽을 수 있는 수준은 2학년밖에 안 될 수도 있다. 이것은 위험한 상황이므로 우리는 지체하지 말고 아이에게 도움을 주어야 한다.

우선 중요한 장애부터 해결해야 한다. 아이는 책에 대해 어떤 기분일까? 발가벗고 길을 걷고 있는 꿈을 꾼 적이 있는가? 무엇으로든 몸을 가려보려고 하지만 그럴 수 없다. 완전한 굴욕감, 당혹감, 공포감이 당신을 압도한다. 꿈에 본 그 장면은 소름끼치는 것이다. 이것이 실제상황이라면 참을 수 없을지도 모른다.

6학년 아이가 자기보다 한참 어린 아이들이 읽는 책만 읽을 수 있다는 느낌이 바로 이런 기분일 수 있다. 완전히 노출되어버린 기분 말이다. 다른 모든 아이들이 소설책처럼 보이는 두꺼운 책을 읽고 있는데, 읽기 장애를 앓고 있는 아이에게는 유치한 삽화가 그려진 얇은 책을 읽으라고 할 수 없다. 이것은 무척 당혹스러운 상황이다.

"알았어요. 그렇다면 읽기는 쉬운데 어려워 보이는 책이 어디에 있나요?" 당신은 이렇게 물을 수 있다. 좋은 질문이다. 내가 쓴 단편은 단어와 문장에 어려움을 겪고 있는 여덟 살이나 아홉 살 정도 된 아이들이 난이도별로 읽을 수 있는 이야기다. 개념적인 난이도는 책마다 다양하게 나타나 있다. 일반적으로 가장 쉬운 내용에서 도전해볼 만한 어려운 내용까지 다음과 같이 등급을 매겨 보았다.

책이 한 권 필요하거든요, 열 살짜리
아이가 읽을 책인데, 열두 살짜리 아이들이
읽는 것처럼 보이는 책이라야 돼요.
그런데 책 수준은 여덟 살짜리 아이가
읽을 정도로요.

- The Rascal books(Rascal the Dragon 등) : 3-6세
- The Cabbage Patch books(The Cabbage Patch Fib 등) : 6-10세
- The Singenpoo stories(The Paw Thing 등) : 7-10세
- The Gizmo books(Come Back Gizmo 등) : 8-11세
- The short-story collections(Unreal 등) : 9-14세

개념적으로 위의 나이를 정직하게 기술했지만 실제로 읽기 난이도는 이것보다 2세 정도 낮출 수 있다. 경우에 따라 좀더 낮추어도 상관없다. 나는 읽기 난이도를 무조건 책을 기준으로 하고 싶지 않다. 그저 책 내용을 읽는다고 책 읽기가 자연적으로 치유되는 것이 아니기 때문이다.

책 내용도 읽기 쉬워야 하지만, 그들에게 맞는 적당한 주제를 가지고 있어야 한다. 작가는 이야기 내용이 실제인 것처럼 보이게 해서 독자들의 매력을 이끌어내야 한다.

책 읽기를 싫어하는 아이들을 위해서는 다양한 책을 찾아보아야 한다. 뒤떨어질수록 올바른 책을 찾기는 더욱 어렵다. 초등학교 2학년 수준을 지닌 6학년 아이를 만족시키기란 어려운 일이다. 그러나 불가능하지도 않다.

"하지만 내 아이는 뭔가 문제가 있다. 내 아이는 특별한 학습 장애를 갖고 있다. 이것이 그 아이가 읽을 수 없는 이유다"라고 생각하는 사람도 있을 것이다. 당신 말이 옳을 수도 있지만, 나는 늘 부모의 걱정부터 완전히 해결되어야 한다고 말한다.

독서 장애가 돌고 있다

예전에 여섯 살 된 딸아이를 집으로 데려오기 위해 학교 정문 앞에서 기다리고 있었다. 그때 나는 두 엄마가 하는 대화를 우연히 듣게 되었다. 한 엄마가 다른 엄마에게 이렇게 말했다.

"아이를 다른 학교로 전학시켜야겠어요. 이 학교에는 독서 장애가 돌고 있어요."

나는 아무 말도 하지 않았다. 그때 나는 뭐라고 말을 했어야 했다. 독서 장애는 감기처럼 전염되는 것이 아니다. 물론 이 학교에 지각적이고, 인식적이고, 언어적인 요소와 관련된 명확한 학습 장애를 가지고 있는 아이들 그룹이 있는 것은 확실했다.

수년 동안 나는 언어치료사로서 그런 아이들과 지낸 적이 있었다. 그러나 읽기에 어려움을 겪고 있는 아이들은 대부분 이러한 문제로 고통받지는 않는다. 일부의 경우에는 미성숙이 요소가 되

앗! 종이에 손을 베었어!
이 책이 더 이상 싫지 않다고
지금 막 생각했는데!

기도 한다(5장에서 이미 이야기했다).

글을 읽기 싫어하는 아이들에게는 대부분 개인적인 요인과 사회적인 요인, 환경적인 요인이 있다. 이들 중 대부분의 아이들은 책을 좋지 않게 보고, 조롱하듯이 읽기 때문에 뒤처지는 것이다. 그 이유는 사실상 책 읽기 학습에 있어 수없이 상처받고 그로 인해 감정이 상할 대로 상했기 때문이다. 그리고 이제는 공포에 떨고 있다.

만약 아이가 지각적이나 신경학적으로 문제 있다는 걱정이 들면 전문가를 찾아가라고 충고하고 싶다. 학교의 선생님에게 도움을 요청하거나, 교육심리학자나 전문 독서 선생님이 추천한 사람을 만나보는 것도 좋다. 단, 핑크빛 렌즈를 낀 광경과 같은 쉬운 해결책을 내세우는 열광자의 공상적인 치료에 각별히 주의하길 바란다.

만약 당신이 전문가에게 가기로 결정한다면 그(그녀)에게 여러 가지 질문을 해야 한다. 당신은 아이의 감정과 관심거리 등을 세심하게 돌봐줄 사람, 책을 잘 알고 당신의 말에 귀 기울여줄 사람을 원할 것이다.

사실 우리는 의사나 변호사, 심리학자 같은 전문가에게는 아무 질문도 없이 자신의 중대한 일을 위임하는 경향이 있다. 올바른 전문가를 찾는 것은 아주 중요하다.

우선 학교에서 추천을 받는다. 교육부에는 교육심리학자, 언어치료사, 읽기전문가 등의 전문가들이 있다. 하지만 이들을 만나려면 오랜 시간 기다려야 하는데, 만일 당신의 아이가 심각한 학습장애나 지각력 장애를 갖고 있다고 생각되면 지체하지 말고 다른 전문가를 추천해달라고 부탁한다.

처음으로 내가 맡은 반은 특수학급이었다. 나는 15명의 아이들을 돌보았다. 당시에는 한 반에 40명이 넘는 것에 비하면 무척 적은 숫자였다. 15명 아이들은 모두 읽을 줄 몰랐다. 학생 개인마다 목표를 세워서 다른 교육과정에서 뿐만 아니라 읽기에서도 성공할 수 있도록 이끄는 것이 내 임무였다.

학교의 다른 학생들은 특수반으로 격리된 이 아이들을 멍청이라고 놀리곤 했다. 우리 반 아이들은 불쌍했다. 심지어 일부 선생님도 말 안 듣는 일반 아이들에게 "너 조심하지 않으면 특수반으로 보내버릴 테야." 하며 엄포를 놓곤 했다.

이런 인식을 바꾸려는 내 노력에도 불구하고 특수반 아이들과 함께 노는 일반 학생들은 아무도 없었다. 내 아이들은 점심시간에 식당에서 점심을 먹고 나면 일반 학생들의 놀림에서 벗어나 안전한 교실로 돌아가기를 원했다. 그들의 자존심은 완전히 땅에 떨어진 상태였다. 물론 좀더 문명화된 학교와 선생님들은 이러한 상황이 존재하도록 내버려두지는 않았을 것이다.

　　이런 내 경험은 자진 퇴학 프로그램을 이용하게 만들었다. 잘 이용하기만 하면 자진 퇴학 후 학교에서 운영하는 개인학습 프로그램에서 큰 도움을 받을 수 있다. 퇴학 프로그램은 가끔씩 아주 어려운 학습 장애에 대한 유일한 답이기도 하다.

　　그러나 경비가 많이 드는 단점이 있다. 한 선생님이 반나절 동안 네 명의 아이들을 지도하기 때문이다. 아무리 그렇더라도 개인

교습에 참여한 선생님들이 세심하게 신경 쓰지 않는다면, 학습장애 아이들이 굴욕감을 느낄 위험성은 계속해서 없어지지 않을 것이다.

일부 학교에서는 뒤처진 아이뿐만 아니라, 공부를 아주 잘하는 학생도 자진 퇴학 프로그램을 이용할 수 있다. 이처럼 자진 퇴학은 학업이 부족한 아이들하고만 연관 있는 것이 아니다. 부모들이 자원해서 개인학습 프로그램에 참여할 수도 있다. 이렇게 되면 읽기에 고전하고 있는 아이들을 가르치는 선생님들은 부담감을 조금은 덜 수 있을 것이다.

집에 읽을 수 없는 다 큰 아이가 있다 해도 당신 자신을 자책하거나 비난해선 안 된다. 아이가 그렇게 된 데에는 심리적, 감정적, 사회적, 그리고 육체적 문제들이 연관되어 복잡하게 얽혀 있기 때문이다. 모든 부모에게는 한두 가지 문제를 갖고 있는 아이들이 있기 마련이다. 완벽해 보이는 가족은 환상일 뿐이다. 이 세상에 완벽한 부모나 완벽한 아이는 없다.

열두 살이나 열세 살 정도 되었는데 읽기를 싫어하는 아이들은 특히 더 걱정이다. 그들은 이제껏 내내 실패했고, 지금도 중요한 도전에 쩔쩔매고 있다. 이런 아이들을 위해서 재미있게 책을 읽게 하는 프로그램은 중요하다. 그들의 관심거리를 잘 살피어서 이를 개발하도록 해야 한다. 이제 당신은 비장의 수를 써야 한다. 아이의 어린 시절을 위해 전력을 다해야 한다.

이 책에 나온 방법을 이용하여 모든 일이 행복하고 즐겁게 되었

다면, 당신은 침대에 누워 있는 당신의 아이가 이야기에 집중할
수 있는 아주 좋은 기회를 발견하게 된 것이다.

　　이것이 전부다.

10

컴퓨터의 활용

컴퓨터는 도구일 뿐 부모의 지도를
대신할 수 없다

- 나는 컴퓨터를 사랑하기도 하고, 증오하기도 한다.

- 컴퓨터는 이익의 척도가 되어가고 있다.

- 웹은 무한한 가능성을 지닌다.

- 작가의 홈페이지에서 많은 정보를 얻을 수 있다.

- 이메일을 보내고 받는 것은 읽기 활동에 아주 좋은
  학습이 된다.

- 컴퓨터는 특히 검색에서 유용하다.

- 컴퓨터 프로그램이 부모를 대신할 수는 없다.

컴퓨터는 전자제품이나 자동차처럼 현대사회에서 없어서는 안 될 물건이다. 우리는 컴퓨터 없이 살 수 없다. 나도 컴퓨터를 다섯 대나 소유하고 있다. 사무실에 있는 세 대는 내 비서와 함께 공유해서 쓰고, 한 대는 집에 있고, 한 대는 노트북이다.

나는 컴퓨터를 무척 좋아하지만 무척 싫어하기도 한다. 이런 양면성은 내가 일을 해야 하는 속도와 주로 관련이 있다. 나는 매일 답장해야 하는 엄청난 양의 이메일을 접한다. 또 내가 지금 쓰고 있는 글의 일부를 전송하면 편집자는 이 글을 몇 초 안에 받게 된다. 메일을 보내는 동안에도 컴퓨터는 절대로 중단되지 않는다. 내 책에 그린 삽화와 만화는 페인트가 채 마르기도 전에 내게 도착한다. 컴퓨터를 통해 나는 시간을 절반만 들이고 글은 두 배나 쓸 수 있게 되었다. 이런 열광적인 속도는 잔혹하기 그지없다. 나는 이런 현상이 내 삶의 질을 향상시켜준다고 확신하지는 않는다.

갈수록 컴퓨터를 소유하지 않은 아이들이 교육적으로 불이익을 당한다는 연구조사가 나오고 있다. 컴퓨터의 이용은 한때 책의 출판권과 같은 방식으로 사회경제적으로 이익을 얻는 지표가 되어가고 있다.

컴퓨터는 상당히 유용하다. 예를 들면, 내 편집자는 조지 버나드 쇼(아일랜드 극작가로 노벨문학상을 받았음—옮긴이)가 동료에게 들은 이야기 내용(우리에게는 생소한)을 인터넷에서 검색하여 이메일로 내게 보내왔다. 이전에 나는 이 자료를 찾느라고 도서실에서 반나절이나 보낸 적이 있었다. 이 책 『책벌레 만들기The Reading Bug』와 같은 종류의 책을 쓰는 데는 확인하거나 연구 조사할 것이 수백 가지가 넘는다. 그런데 컴퓨터의 보급으로 시간과 노력이 놀라우리만치 절약되었다.

컴퓨터를 최대한 활용하기

이미 언급했듯이 나는 컴퓨터가 지닌 능력에 대해 이야기하겠다. 내가 사용한 방식대로만 아이들이 컴퓨터를 사용한다면, 컴퓨터 사용에 대해 반대할 생각은 없다.

WWW(world wide web)는 훌륭한 검색 방법이다. 이것도 읽기, 쓰기와 연관 있으며 매우 재미있기도 하다. 이메일을 보내고 받는 것은 편지를 쓰는 것만큼 합법화되었고 편지보다 훨씬 빠르기도 하다. 그래서 이메일을 이용하는 것이 최선일 때가 많다.

학교 휴일인 어느 날 나는 사무실에서 글을 쓰고 있었고, 학생 중 한 아이는 내 비서의 컴퓨터 앞에 앉아 네오펫(Neopets) 게임을 하고 있었다. 게임은 스크린에 있는 작은 애완동물 중 하나를 선

택해서 휴일 내내 그 동물을 돌보는 것이다. 음식과 환경적으로
필요한 것은 모두 아이가 인쇄한 애완동물 그림과 함께 글로 주어
진다. 아이는 다양한 선택을 할 수 있고, 부지런함에 대한 대가로
점수를 얻는다. 아이는 자신이 받은 점수와 다른 상대가 얻은 점
수를 비교한다.

이것도 읽기이다. 재미나는 읽기이다. 이런 게임을 하는 데는
아무 문제없다.

내게도 www.pauljennings.com이라는 홈페이지가 있다. 작가
들은 대부분 자신의 홈페이지를 가지고 있다. 이곳에서 아이들은
자신이 좋아하는 작가와 책을 검색할 수 있고, 숙제나 취미 등에
대한 다양한 정보도 얻을 수 있다. 컴퓨터에는 모든 관심사를 충
족시켜줄 사이트가 많이 있다. 당신이 무언가에 흥미를 갖는다면

그것은 웹상에 모두 나와 있다.

컴퓨터가 야기하는 문제는 대부분 과다 사용과 관련 있는데, 아이들이 폭력성 게임이나 선전성 게임에 중독되어 있을 때 특히 그렇다. 컴퓨터상의 적과 대결하며 오래도록 앉아 있다 보면 컴퓨터에 중독된다. 일부 게임에는 잔혹한 요소를 지니고 있기도 하다.

친구 케이스와 실내 오락실에서 가상현실 프로그램 놀이를 했던 것이 생각난다. 케이스와 나는 몇 년간 서로 알고 지낸 사이고, 함께 자동차 경주 게임을 즐기기도 했다. 가상현실 게임을 하려고 우리는 특수한 장갑, 신발, 안경, 헬멧을 쓰고 작은 플랫폼 위에서 이리저리 움직였다. 우리는 각자의 헬멧 안에서 컴퓨터로 처리된 이미지를 볼 수 있었다. 거대한 건물 안을 여기저기 움직이는 것처럼 보였다. 우리는 서로 총을 쏘아댔고, 살금살금 숨어 들어가 매복했다가 습격하기도 했다. 총소리는 컸고 실제 같았다. 그런데 갑자기 공포와 죄의식이 몰려왔다. 우리는 둘다 친구를 전멸시키는 임무를 완수하지 못했다. 재미로라도 친구를 쏘는 것이 조금도 즐겁지 않았던 것이다.

어째서 내가 케이스를 죽이려고 애를 써야 하는가? 이것은 경마장에서 친구를 이기는 것과는 달랐다. 그저 단순한 경찰과 범인일 뿐이다. 어쨌든 이 특별한 게임이 처음부터 제공된 이유는 무엇일까? 사람을 쏘는 것은 결코 좋은 생각이 아니다.

우리는 수천 가지나 되는 컴퓨터 게임을 구입할 수 있고, 그들 중 많은 것들이 읽기와 연관이 있다. 다른 것들처럼 컴퓨터에도 부모가 할 역할이 있다. 부모는 아이들이 컴퓨터 프로그램을 선택하는 것을 도와야 하고 그것의 사용을 감독해야 한다.

워드 프로세싱과 프린트 프로그램은 분명히 가치 있는 것이다. CD-ROM에서 내레이터가 책 내용을 읽어주는 것도 좋은 아이디어다. 아이들은 그림을 클릭하여 이리저리 그림을 옮기는 것도 무척 재미있어한다.

컴퓨터 게임과 퍼즐은 무척 재미있다. 사고력과 연관된 창의적인 게임도 있다. 인터넷은 실제의 삶과 관련된 무한한 가능성을 지닌다. 혹시 당신은 휴가를 가려고 계획중인가? 당신 아이는 즉시 타즈마니아에서 토론토까지 모든 리조트를 접속해볼 수 있다. 아이에게 이니셜로 검색해보도록 한다. 이런 동기는 아주 큰 읽기에 해당된다. 이것은 의미 있는 읽기이고, 여기에는 고통스러운 순간이 포함되지 않는다.

컴퓨터는 대체품이 아니다

학습 보조도구 역할을 톡톡히 하는 컴퓨터는 글 쓰는 데 도움을 주는 기계이다. 특히 검색하는 데 유용하고, 주로 백과사전과 다른 유형의 참고 도서를 대신한다. 그렇다고 컴퓨터가 부모나 선생님을 대신할 수는 없다.

내가 경험한 아주 슬픈 모습 중의 하나가 학교이다. 학교는 전체 교육과정이 예정된 학습에 기초를 두고 있었다. 모든 아이들은 자신이 정보를 수집한 컴퓨터 앞에 앉았다. 그런 다음 아이들은 컴퓨터가 하는 질문에 대답했다. 결과에 따라 아이들은 다음 단계로 넘어가거나 보충반으로 내려갔다. B. F. 스키너가 발전시킨 학습 이론에 기초를 둔 이 방법은 자극에 따라 상을 주었다.

그러나 사랑은 상으로 정의내릴 수 없다. 아이들이 성공했을 때뿐만 아니라 실패했을 때에도 사랑은 존재한다. 사랑은 무조건적으로 작용한다. 사랑은 결과에 상관없이 주어진다. 행복이 학습한 결과들 중 하나가 되기를 바란다면, 우리는 학습할 방식에 사랑을 포함시켜야 한다. 이것이 컴퓨터는 언제나 도구이며 결코 선생님이 될 수 없는 이유이다. 또한 프로그램이 부모를 대신할 수 없는 이유이기도 하다.

11

햇살이 비치는 계곡

책 읽는 도중에 눈물 흘리기

• 아이에게 맞는 책을 선택한다.

• 두려움을 보고 웃는 것이 두려움을 극복하는 가장 좋은 방법이다.

• 이야기 속 다른 장소로 우리 자신을 데려다놓을 수 있는 능력이, 우리를 진정한 인간으로 만든다.

• 이야기의 마지막 페이지에는 희망과 즐거움이 선물로 실려야 한다.

당신의 아이에게 맞는 적당한 책을 선택하는 일은 당신에게 달려 있다. 나는 앞장에서 아이들이 읽을 만한 책을 여러 번 언급했다. 그러나 우리 모두가 똑같은 책을 좋아하지는 않는다. 어쩌면 우리는 무엇이 좋고, 무엇이 적당한 책인지에 대해서조차 동의하지 않을 수도 있다. 좋은 글에 대한 정의가 같지는 않을 것이다. 해마다 아동문학상이 선언되면 거기에는 늘 반대의견이 있다. 내 생각으로는 좋은 책을 구성하는 요소는 여러 개로 나뉘어져 있다고 생각하는 것이 좋을 것 같다.

그러나 이런 부분이 부모들에게는 혼란스러운 일임에 틀림없다. 그렇다면 좋은 책을 어떻게 판단한단 말인가? 우리가 모두 동의하는 것부터 시작해보자. 우리는 아이들이 자라나서 행복한 사람이 되기를 바란다. 그러나 행복은 노력하지 않고는 성취하지 못한다. 행복을 얻기 위해 싸워야 한다. 그리고 행복은 덧없이 흘러가버린다. 완전히 행복한 상태로만 사는 사람은 아무도 없다. 인생에는 분명 많은 문제점이 있다. 세상 살아가는 일을 아주 쉽게만 생각한다면 우리는 아이들을 위해 애쓸 수 없다. 삶이 고통과 역경, 실패로 얼룩져 있다는 사실로부터 아이들을 보호할 수 없다. 어떤 일이 올바른 일인지 제대로 모르는 것이 일상의 경험이다. 불확실함은 인간의 일부이다.

위험한 글

나는 자기 자신에 대한 확신이 없는 사람들에게 매력을 느낀다. 자기 회의가 없는 사람들은 우리 사회에서 그들의 역할이 확실할지는 모르지만 사실 그들은 불안정하다는 것을 나는 알고 있다.

나는 늘 내 이야기를 의심하며 재검토한다. 편집자에게 자주 전화해서 인쇄에 넘어가기 전까지 거슬리거나 위해가 될지도 모르는 단어와 구절을 찾아내어 다시 한번 검토할 것을 부탁한다. 혹시 내 글이 아이들을 불행하게 만들까봐 늘 걱정이다. 내가 쓴 글 중 어느 것이 아이들을 고통스럽게 할까? 걱정이 너무 지나친 걸까?

긴장이 담긴 어린이 책을 쓸 때 작가와 독자는 둘다 위험한 모서리 근처에 와 있다. 작가는 해로운 내용을 써서 모서리로 한 걸음 더 나아갈지도 모른다. 아이들이 해를 입었다면 모서리에서 떨어질 것이다. 우리는 모서리가 그곳에 있다는 사실을 부인할 수 없다. 아이들은 모서리를 살펴보아야 하고, 작가는 그곳 가까이 걸어가야 한다. 이야기에는 어느 정도의 긴장감이 있어야 한다. 그렇다면 얼마만큼이 적당한 걸까?

나처럼 재미있는 책을 쓰는 작가는 모서리와 아주 가까운 곳에서 글을 쓰며 살아간다. 유머의 유행은 아주 빠른 속도로 뒤처진다. 사람들은 한 번 들은 유머를 다시 듣고 싶어하지 않는다. 놀라움은 중요한 요소이다. 그래서 위험하다.

급소를 찌르는 문구도 위험하다. 이런 문구가 공격적이라면 아무도 웃지 않을 것이다. 특히 비평가는 더욱 그렇다. 위험 요소가 없는 글 또한 아무도 웃게 만들지 못한다. 이것은 단순한 모서리가 아니라 걸어가야 하는 칼날 같은 모서리다. 절대로 실수하면 안 된다.

나는 내 글이 불만족스럽다는 편지는 별로 받지 못했다. 그런데

얼마 전 충격적인 메일을 하나 받았다. 『언리얼』에 수록된 「셔츠 없이 Without a Shirt」라는 단편에 대해 언급한 내용이다. 나는 이 이야기가 재미있다고 생각한다.

공동묘지 중앙에 위치한 집에서 살고 있는 한 소년과 엄마에 관한 이야기로 내 고향 워남불의 실제 집을 배경으로 했다. 소년이 태어나기 오래전 그의 할아버지는 물에 빠져 죽어 공동묘지에 묻혔다. 자신이 언어장애를 갖고 있다고 생각하는 소년은 말끝마다 '셔츠 없이'를 붙였다. "내가 말할게, 셔츠 없이." "학교 가려고 해, 셔츠 없이." 기타 등등.

이 작품으로 나는 텔레비전 프로그램 〈라운드 더 트위스트 Round the Twist〉 시리즈 원고를 쓰게 되었고, 이 시리즈는 전세계에서 수많은 상을 탔다. 나는 17년 동안(이 편지를 받기 전까지는) 이 작품에 대해 불평하는 소리를 듣지 못했다.

제닝스 선생님께

내 아이들과 나는 선생님의 책 여러 권을 재미있게 읽었습니다. 『기즈모 시리즈Gizmo stories』는 특히 좋았습니다. 그러나 최근에 나는 조금 혼란스러운 이야기를 우연히 접하게 되었어요.

내 아이는 지금 『언리얼』을 읽고 있는 중입니다. 여기에 수록된 『셔츠 없이』라는 이야기 내용에 이의가 있어 이 글을 씁니다. 다음이 제가 고민스러워하는 부분입니다.

1. 주인공의 아버지가 죽는다.

2. 소년이 죽은 고양이를 묻는다.

3. 엄마와 함께 사는 가족이 공동묘지 중앙에 있는 집에서 살고 있다.

4. 가난한 엄마는 연금으로 연명하기 때문에 다른 곳으로 이사 갈 여유가 없다(선생님은 공영주택에 대해 들어보지 못했나요?).

5. 강아지 이름을 셔블(삽)이라는 이중적인 이름을 지은 다음, 강아지가 공동묘지 구덩이를 파게 함으로써 억지웃음을 만들어 냈다.

6. 소년의 침실에서 무덤이 다 보인다.

7. 벤 바이런이 영웅이긴 하지만 그는 배가 가라앉으면서 익사했다.

7페이지 정도 읽으니 이야기가 싫증 나서 그만 포기했습니다. 이 이야기는 완전히 소름끼치는 이야기더군요. 나는 아이들에 대해 잘 알고 있고, 그들에게 무엇이 좋은 책인지도 알고 있습니다. 참고로 저는 소아과 전문의입니다.

그럼 이만.

이 편지는 약간 조롱하는 듯이 보일지 모르지만 그 속에는 심각한 문제가 담겨 있다. 작가들은 이야기에서 아이들을 다치게 하지 말아야 한다. 아동물을 쓰는 작가는 지역 공동체적인 도덕 규범에서 너무 멀리 앞서가면 안 된다. 그렇게 되면 우리는 모서리 너머로 떨어지게 될 것이다. 이것은 초등학생에 적용되는 것이지, 청소년에 관한 이야기가 아니다. 청소년을 위한 규범은 어른들의 규범과 많이 비슷하다고 생각하면 된다.

그러나 초등학생 부모와 선생님들은 나를 신뢰하고 있어서 내 글이 공격적이지 않다는 사실을 알고 있다. 나는 공격적인 글은 반드시 쓰지 않겠다고 맹세하지는 못한다. 그러나 나는 독자들을 위협하지 않고, 이 세상을 삭막하게 보이지 않도록 애쓰고 있다.

편지를 보낸 소아과 전문의는 자신의 의견을 올바르게 표현했다. 이 의사의 말에 동의하는 일부 사람들도 있으리라고 본다.

묘지 전경이 보이는 소년의 방이 해가 된다는 건의는 어떻게 생각하는가? 공동묘지에서 펼쳐지는 유머러스한 모습이 공격적인가? 내 고향에는 묘지가 중앙에 위치해 있어서 사람들과 늘 함께했다. 아이들은 모두 어디에 묘지가 있으며, 그 안에 무엇이 들어 있는지 알고 있다. 묘지가 내게 준 가장 중요한 영향은 지금까지 내가 살아 있어서 사소한 일들을 걱정하며 살 수 있다는 감사의 마음이다.

인생은 그 자체로 되풀이된다

우리는 공동묘지 주위에 커다란 벽돌 벽을 쌓은 다음, 그 안의 이야기는 하지 말아야 하는가? 나는 그렇게 생각하지 않는다. 대

194

부분의 삶이 유쾌하지 않다는 사실을 부인한다고 해도 행복을 느끼지는 못한다. 사람들은 모두 죽는다. 애완동물도 죽는다. 대문 앞에 버려진 고아들도 있다. 아이들도 이런 일들을 알고 있다. 우리는 아이들이 죽음을 생각해보지 않았기를 바란다. 그러나 이런 소망이 아이들에게는 좋게 작용하지 않는다.

예전에 내 아이들 중 한 아이가 아내의 무릎에 앉아서 아내의 매력적인 팔찌를 가지고 놀았다. 아내가 말했다. "내가 죽으면 이 팔찌는 네가 가져." 아이는 즉시 눈물을 보이며 엉엉 울었다. "나는 엄마가 죽는 거 싫어."

나 역시 어린 시절에 부모님의 죽음을 두려워한 적이 있다. 이런 예측이 아이들에게는 가장 소름끼치는 생각이다. 특히 부모가 죽으면 돌봐줄 가족이나 친척이 없는 이민 온 아이들에게는 더욱 그렇다. 나도 부모님을 따라 영국에서 호주로 이민을 왔고 나는 밤마다 부모님이 죽지 않게 해달라며 기도했다. 이곳 호주에는 나를 돌봐줄 사람이 아무도 없었다.

나는 부모의 죽음에 관한 이야기를 쓸 예정이다. 그러나 부모가 자기 아이들을 사랑하지 않는 이야기는 쓰지 않겠다. 예전에 나는 『부정이 긍정이다 No Is Yes』라는 이야기를 쓴 적이 있는데, 이 글을 쓴 것을 후회하고 있다. 정신과 의사인 앤소니 스톨에 따르면, 학대받는 아이들은 부모가 자기들을 포기했다는 비극적인 진실에 직면하기보다 부모가 아직도 자신들을 사랑하고 있다고 믿으려 한다고 했다.

음...얘야 다른 책을
찾아보는 게 어떻겠니?

핵 전쟁의
전면적
파괴

『백설공주』나 『헨젤과 그레텔』도 이런 주제를 다루었다고 볼
수 있다. 여기서는 계모를 나쁜 사람으로 묘사하고 있지만 요즘에
나오는 아동용 책은 계모를 사악하게 묘사하지 않는다. 요즘에는
친부모가 아니라도 대체적으로 아이들에게 잘해주기 때문이다.

나는 이 세상을 삭막한 곳으로 보이게 하는 주제는 피한다. 그
러나 보편적인 두려움을 억제한다고 해서 덜어지지는 않는다. 사
실 그러면 그럴수록 더욱 나빠진다. 부정한다고 마음의 평화를 얻
는 것이 아니라 오히려 그 반대이다.

억압은 걱정과 노이로제로 가는 오솔길이다. 앞서 내게 편지를
보낸 소아과 의사가 유머러스한 접근을 좋아하지 않는다면, 아마
그 의사는 아들이 도리스 부케넌 스미스가 쓴 『검은 열매의 맛 A
Taste of Blackberries』이나 E. B. 화이트가 쓴 『샤롯의 거미줄

Charlotte' s Web」과 같은 유쾌한 이야기를 읽는 것을 좋아할 거
라고 생각된다. 이런 작가들은 이야기 끝에 죽음을 다루면서 그
속에 인생은 그 자체로 되풀이된다는 희망과 가능성을 담고 있다.
그렇기 때문에 무덤은 끝난 이야기가 아니다.

　내가 아주 좋아하는 시 중 하나로 휴 미런스가 쓴 작품이 있다.
이 시는 상당히 냉랭한 분위기를 띤다.

　　　내가 계단을 걸어 올라갈 때
　　　나는 그곳에 없는 한 남자를 만났다.
　　　그는 오늘도 다시 그곳에 없었다.
　　　나는 소망한다, 나는 그가 멀리 가기를 소망한다.

　계단에 있는 남자는 우리의 무의식적인 두려움을 나타낸다. 그
는 우리가 맞설 수 없는 유령이다. 그러나 우리가 정면으로 그를
바라본다면 그는 사라질 것이다. 이것은 말로 표현할 수 없는 무
언의 상황이다. 두려움을 보고 웃는 것은 그것을 극복하는 가장
좋은 방법이기도 하다. 우리 사회에 비극적인 일이 일어날 때마다
즉시 익살로 무마할 수도 있을 것이다.

　나는 여기저기에 널려 있는 비극을 발견하지만 그것 자체의 목
적을 이해한다. 우리의 운명을 보고 웃는 것은 실제로 그것에 직
면하는 멋진 방법이다. 묘지에서 일어나는 재미있는 이야기는 괜
찮을 뿐만 아니라 유용한 목적을 제공한다고 생각한다. 어떤 일에

웃을 수 있다면 당신은 그것을 극복하는 힘을 얻게 된다.

『샤롯의 거미줄 Charotte's Web』은 종종 아이들을 울린다. 내 이야기의 일부도 그렇다. 예전에 어린 여자아이에게서 편지를 받은 적이 있다. 편지에는 이런 글이 쓰여 있었다. "엄마가 제게 『티커 Ticker』를 침대에서 읽어줬어요. 엄마를 올려다보았더니 엄마가 울고 있었어요. 그래서 제가 '왜 그래 엄마?' 하고 물었어요. 그랬더니 엄마가 '정말로 감동적인 이야기구나' 하고 말했어요."

나는 사람들이 이야기를 읽고 우는 것에 별로 신경 쓰지 않는다. 눈물은 우리를 진실한 인간으로 만드는 또 다른 장소에 데려다놓는다. 우리는 상상력을 이용해서 다른 사람이 될 수 있고, 다른 사람의 이익을 위해서 우리의 즐거움을 포기할 수도 있다.

사람들이 상상했기 때문에 노예제도가 끝이 났다. 그리고 양심수가 자주 석방된다. 끊임없이 상상하는 한 우리는 언젠가 이 세상에 자유와 정의가 실현되리라고 바랄 수 있다.

이야기는 우리가 아무도 할 수 없는 방식으로 다른 사람이 될 수 있게 해준다. 텔레비전 뉴스의 헤드라인이나 신문에서 수천 명이 넘는 사람들의 죽음을 듣고 경악할 수도 있고, 그러한 대참사가 모닝커피를 마시는 자리에서조차 언급되지 않을 수도 있다.

그러나 캐서린 패터슨의 『테라비시아로 가는 다리 Bridge to Terabithia』 같은 좋은 소설을 읽는다면, 당신은 한 사람의 죽음 이야기가 수천 명의 눈물을 만든다는 사실을 알게 될 것이다. 독자의 상상력과 결합된 이야기는 매우 강력한 영향력을 지닌다.

그럼 아이들이 이야기를 읽으면서 우는 것은 괜찮은가? 그 대답은 당연히 '그렇다'이다. 『미운 오리 새끼』의 해피엔딩은 외롭고 방황하는 사람들에게 커다란 위안을 준다. 당신과 비슷한 사람들이 많다는 메시지는 아이들에게 멋진 안도감을 준다. 아이들은 모두 미운 오리 새끼가 겪은 것이 무엇인지 알고 있다. 아이들은 남들과 다른 것이 무엇인지 잘 알고 있다.

삶의 두려움과 문제에 접근하지 않은 이야기는 기본적으로 이야기라고 할 수 없다. 그런 이야기에는 중요한 요소가 들어 있지 않다. 우리는 이 세상에 죽음이나 악이 없다고 말하지 못한다. 고통 없는 삶이 있는 것처럼 그리지도 않을 것이다. 우리는 이런 말을 해줄 뿐이다.

비극을 극복한 승리, 노력에 대한 대가, 사랑의 승리.

희망을 담고 있는 엔딩

이 세상을 삭막하고 돌보아지지 않는 장소로 묘사하는 것은 잘
못되었다. 아이들이 잠을 못잘 만큼 공포에 떨고 있다는 말도 틀
렸다. 희망과 즐거움은 우리 이야기의 마지막 페이지에 있는 선물
이어야 한다.

두려움으로 이끄는 것은 아동 소설이 아니다. 두려움은 마치 살
인, 신체상해, 고통 등이 유일하게 보도할 가치가 있기라도 한 것
처럼 뉴스 방송에 보도되는 현실일 뿐이다. 나는 조간신문을 끊으
려고 여러 번 시도했다. 매일 일어나는 불행한 보도가 하루의 시
작을 망쳐버리기 때문이다.

이 세상에는 이기적인 행동보다 선한 행동, 비열함보다는 관용
이 훨씬 더 많다. 불행에 처해 있는 아이들을 돕지 않으려는 사람
은 별로 없다. 그러나 이런 일들은 방송에 거의 보도되지 않는다.
나는 종종 뉴스가 아예 없는 것이 진정 좋은 뉴스일 거라고 생각
한다.

만일 누군가 책의 마지막 페이지를 읽고 눈물을 흘린다면 당신
은 당황할 것이다. 당신은 전체를 보지 못하고 일부만을 본 것이
다. 그러나 이것은 텔레비전 뉴스와 신문이 늘 우리에게 보도해주

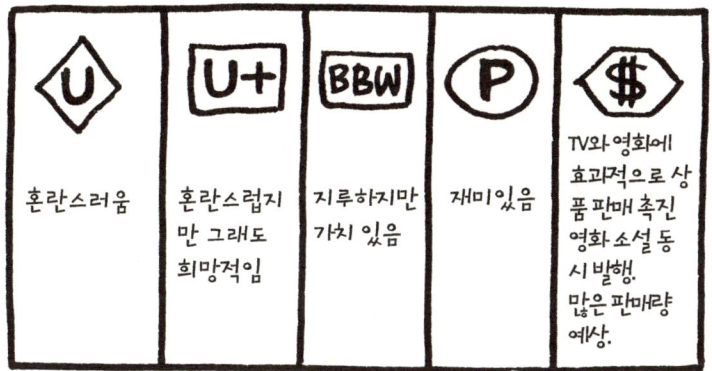

아동도서에 대한 새로운 등급 체계

U	U+	BBW	P	$
혼란스러움	혼란스럽지만 그래도 희망적임	지루하지만 가치 있음	재미있음	TV와 영화에 효과적으로 상품 판매 촉진 영화 소설 동시 발행. 많은 판매량 예상.

는 내용이다. 이런 이야기는 매일, 매달, 매년 발생한다. 심지어 후손들의 뉴스 방송도 우리에게 해피엔딩을 말해줄 수 없다. 매일 우리는 뉴스에서 끔찍한 사건들을 보고 듣는다. 아이들은 이런 뉴스를 보면서 세상이 위험하고 끔찍한 장소라는 사실을 인식해야만 한다. 뉴스에서 어린 오리는 거의 가족을 찾지 못한다.

뉴스 방송에서는 전반적인 이야기를 말할 수 없다. 이야기가 아직 끝나지 않았기 때문이다. 뉴스에서 우리는 아이가 폭탄을 피해 길로 뛰어내려가는 모습을 보고 있지만, 젊은 여자가 평화 옹호자로 나서 자신의 의견을 명확하게 표현하는 모습은 보지 못한다.

또한 우리는 무너진 벽은 보았지만 도시를 재건하는 장면은 보지 못한다. 죽은 병사는 보았지만 자신의 이름을 드높일 아이의 탄생은 보지 못한다. 우리는 폭행자, 강도, 생각 없는 멍청이들 이야기를 듣는다. 그러나 하루도 빠짐없이 주변의 어려운 사람을 돌보는 수백만 명의 사람들에 대한 이야기는 전해지지 않는다.

오늘 내가 귀가길에 나쁜 놈들에게 습격 받을 가능성이 있는가? 물론 가능성은 있다. 그러나 99.9퍼센트의 사람들은 절대로 다른 사람들을 습격할 확률이 없다. 사람들은 대부분 친절하고, 관대하고, 온화하다.

나는 이 세상이 서서히 더 살기 좋은 장소가 되리라고 믿는다. 그렇게 되지 않을 것처럼 보이지만 모든 일들이 잘될 것이다. 호주에 사는 아이들 대부분이 50년 전보다 지금 더 부유한 삶을 살고 있다. 토착민들은 조금 다르다고 해도 요즘 아이들이 예전보다 부유한 것은 사실이다. 나도 어렸을 때가 더 살기 좋았다고 말할 수 없다. 지금 당장은 고통스럽지만 우리는 서서히 향상되고 있다고 믿는다. 대부분의 사람들이 서로를 돌보고 있다고 믿는다. 이것이 진정한 이야기다.

이 모든 것은 우리 작가들이 이야기 끝에 희망을 담는 이유이며, 아이들에게 삭막한 세상을 보여주지 않으려는 이유이다. 하지만 이 세상에는 근심과 고통이 늘 존재한다. 이것이 우리가 중대한 양면이 있다고 말하는 이유이다.

나는 미래의 아이들을 위협하면서 발가락을 타고 기어올라오는 거미에 관한 이야기를 쓸 수도 있었다. 이런 이야기는 생각만 해도 끔찍하다. 또한 나는 죽음을 드높이는 차원에서 할아버지의 죽음에 대해 쓸 수도 있었다. 위험한 모서리는 주제보다 더 강력할 때도 있다. 이러한 강력함은 작가가 바라보는 이 세상과 아이들에 대한 견해를 바탕으로 하고 있다.

나는 최근에 라디오 인터뷰에서 요즘이 내가 어릴 때보다 더욱 위협적이라고 생각하느냐는 질문을 받았다. 참으로 대답하기 어려운 질문이다. 세계 제2차대전과 원자폭탄의 그림자가 아직 남아 있다. 하지만 그 이미지는 요즘 텔레비전에 나오는 도표만큼은 아니다. 그런 위험성은 자주 언급되지 않는다. 현대에도 전쟁의 위험이 존재하긴 하지만 자주 스크린에 나오지는 않는다. 이 세상에는 끔찍한 일도 많이 일어나고, 그중 일부는 아이들에게도 일어난다. 호주에서 순수한 아이들을 소년원에 감금시킨다는 사실은 매우 놀라운 일이다.

책에는 희망찬 방법이 담긴 강한 주제를 다룰 수 있다. 그러나 현실에서 아이들 뒤에 처진 안전벽의 모습은 그 안이나 밖에 있는 양측 아이들에게 모두 위협적이다. 최근에 우메라 소년원에 있는 한 어린 여자아이가 자신의 엄마에게 이런 말을 했다.

"호주에는 꽃이 피지 않나요, 엄마?"

나는 지금껏 이처럼 위협적인 글은 절대로 쓰지 않았다.

아동 작가들은 피난민에 대한 책을 쓸 수 있다. 그러나 절망보다는 희망과 동정을 불러일으키는 방식으로 글을 써야 한다. 이것은 부모로서 우리도 추구해야 한다. 두려움도 부정도 없다. 거짓말도 절망도 없다. 그러나 노력할 가치가 있는 투쟁의 가능성, 선이 악을 극복한다는 신념. 이러한 용기가 승리할 수 있다. 이런 삶은 짐이 아니라 멋진 선물이다.

이야기를 통해 아이들은 많은 것들을 배울 수 있다. 나쁜 민족은 없다는 사실과 배고픈 고통을 잠시라도 함께 느낄 수 있으며, 나라마다 서로 다른 문화를 경험할 수도 있다. 또한 위대한 사람과 용감한 사람을 존경하는 마음을 가질 수 있으며 이 세상의 근심으로부터 잠시 탈출할 수도 있다 – 아이들은 별나라로 날아갈 수도 있고, 빗자루를 타고 날아다닐 수도 있다.

아이들에게 진정 올바른 것이 무엇인지에 대한 견해는 사람마다 차이가 있다. 부모인 우리는 자신의 아이에게 동기유발이 되기를 바란다. 작가는 글을 쓰는 과정에서 아이들을 위험한 모서리로 데려갈지도 모른다. 그러나 우리는 절대로 아이들을 밑으로 떨어뜨려서는 안 된다. 최종적으로 당신이 판사인 셈이다.

나는 이 책을 본 당신이 아이에게 책 읽는 데 독립적이고 책을 사랑하도록 도움을 주길 바란다. 나는 우리의 아이들이 최대한 많이 웃고 즐거워하며 이 세상을 살아가길 희망한다. 책으로의 여행을 하는 당신의 아이가 한장 한장 페이지를 넘기며 눈물을 흘린다 해도 걱정할 필요는 없다. 결국 당신의 아이는 햇살이 빛나는 계곡에 있게 될 것이며, 그 계곡에서는 꽃이 만발할 것임을 나는 확신한다.

나는 10년간 입시학원에서 영어를 가르친 경험이 있다. 아이들에게 수능영어를 가르치면서 딱히 한마디로 말하기는 어렵지만 무척이나 난감한 한계에 부딪치곤 했다. 응용력과 추리력이 많이 필요한 입시영어는 단지 영어만 잘한다고 고득점이 나오지는 않는다.

사고능력이 부족한 아이들은 아무리 영어를 열심히 공부한다고 해도 노력한 만큼의 점수는 나오지 않게 마련이다. 그렇다고 사고력을 키우기 위해서 대한민국의 고3짜리 수험생이 독서를 하기란 현실적으로 불가능하다. 이런 문제점은 모든 과목에서도 마찬가지로 나타난다.

나는 여기서 우리나라 학생들이 대학을 가기 위해서 고득점을 얻는 방법에 대해 말하려고 하는 것은 아니다. 고등학교 3학년 쯤 되면 이미 자신의 진로를 스스로 결정하고, 자신이 무엇에 재능이 있는지를 알고 있어야 할 나이다. 그런데 우리의 현실은 아직 그렇지 못하다. 난 그 이유가 책 읽기와 많은 관련이 있다고 본다.

어릴 때부터 단계적으로 책을 읽은 아이들은 항상 사고가 똑바로 서 있다. 잠시 방황하는 시절이 있다 해도 다시 원점으로 돌아올 수 있는 힘을 지니고 있다는 말이다. 이런 힘은 사춘기 시절에만 발휘되는 것이 아니라 아이가 성인이 되어 살아가면서 겪게 되는 모든 난관을 극복할 수 있는 엄청난 힘을 발휘하게 해준다. 올바르게 사고하고, 지혜로운 선택을 할 수 있는 능력을 지닌 사람과 그렇지 못한 사람과의 삶의 수준은 가히 말로 표현할 수 없을 정도다.

나는 이 책을 번역하면서 폴 제닝스와 같은 부모를 많이 가진 나라일수록 사회가 제대로 설 거라고 생각한다. 과연 나 자신은 텔레비전을 보면서 아이에게 공부하라고 요구하는 부모가 아닌지, 나 자신은 책 한권 보지 않으면서 아이에게 책 읽기를 강요하는 부모가 아닌지 딱부러지게 말할 수 있을까?

호주의 국민작가인 폴 제닝스는 『책벌레』, 『언리얼』, 『언빌리어블』을 비롯한 수많은 책을 출판하여, 여러 문학상을 석권하였다. 그러나 나는 제닝스가 이렇게 훌륭한 책들을 쓴 작가이기 때문에 존경하기 보다 이기적이지 않은 그의 부모다움에 더욱 고개가 숙여진다.

우리가 폴 제닝스와 같은 부모가 된다면 아니, 되려고 노력만 한다면 우리 아이들의 미래는 밝을 수밖에 없다.

권혁정

옮긴이 권혁정은 영어영문학을 전공하고 학교에서 아이들을 가르쳤으며 외화를 다수 번역하였다. 현재 전문 번역가로 활동중이며 옮긴 책으로는 『샌드위치와 친구』 『우주전쟁』 『파르바나』 등이 있다.

개구쟁이 우리 아이
책벌레 만들기

2005년 9월 10일 초판 1쇄 발행

지은이 폴 제닝스
옮긴이 권혁정
펴낸이 엄건용
펴낸곳 나무처럼

출판등록 2004. 6. 8.(제313-2004-000145)

주소 121.839 서울시 마포구 서교동 380-14 고성빌딩 5층
전화 02)337-7253 팩스 02)337-7230

ISBN 89-955427-4-8 03370

*잘못 만들어진 책은 본사나 구입하신 서점에서 바꿔드립니다.